聖書とがん

「内なる敵」と「内なる人」

樋野興夫

イーグレース

聖書とがん　「内なる敵」と「内なる人」

目次

第一章　「この時のためであるかもしれない」……………091

第二章　教会でも「がん哲学外来」…………………… 110

第一章　種を蒔く人

第三章　心の花

聖書とがん

「内なる敵」と「内なる人」

はじめに

『聖書とがん』の出版は、私の大きな夢でした。人類は、「なぜ、永遠に生きられないのか？生きて120年」、「何故、イブは、蛇の誘惑に負けたのか!?」「アダムは930歳、ノアは950歳、アブラハムは175歳、モーセの時代から120歳」といった聖書からの引用を、私は講義や講演でいつも「冗談ぽく」、さりげなく語っています。

私はがんを研究する病理学者です。そして私が提唱した「がん哲学外来」は、今や全国の病院や病院外の地域、またキリスト教会でもメディカルカフェとして展開されています。初めて私の本を手に取りお読みいただく方のために、ここで私の経歴と影響を与えられた人物について触れたいと思います。

今は廃校になった私の母校、島根県大社町の鵜鷺《うさぎ》小学校の卒業式の来賓の挨拶「少年よ、大志を抱け」（1887年札幌農学校のクラーク博士の言葉）を今でも強烈に覚えています。私の人生の起点であると言っても過言ではないと思います。その後、京都での浪人時代に出会った英語の教師でもあり、牧師でもあった先生（東京大学法学部の学生時代に南原繁に学ばれた。）から、人生の機軸となる 南原繁（1889〜1974）との 間接的な出会いが与えられました。そこから「内村鑑三（1861〜1930）&新渡戸稲造（1862〜1933）& 矢内原忠雄（1893〜1961）」へと導かれたのです。英文で書かれた『代表的日本人』（内村鑑三）と『武士道』（新渡戸稲造）は、若き日からの座右の書となっています。悩める時、どんなに勇気づけられ、励まされたことか分かりません。「一人で部屋で静かに一時間読書する習慣をつけよ！」ということも教わりました。私は19歳の時から、内村鑑三、新渡戸稲造、南原繁、矢内原忠雄の全集を読みあさっていました。

医師になり、すぐ癌研究会癌研究所の病理部に入りました。そしてそこでも、大きな出会いがありました。病理学者であり、当時の癌研究所所長であった菅野晴夫先生（1925〜2016）は、南原繁が東大総長時代の東大医学部の学生であり、菅野晴夫先生から、南原繁の風貌、人となりを直接うかがうことが出来たのです。南原繁にはますます深入りし、さらに菅野晴夫先生の恩師である日本国の誇る病理学者：吉田富三（1903〜1973）との出会いにも繋がりました。吉田富三は日本国を代表する癌病理学者です。私は菅野晴夫先生の下で2003年、「吉田富三生誕100周年」記念事業を行う機会が与えられました。この時、吉田富三の論文や著作を熟読したことで吉田富三への関心はさらに高まり、深く学んでゆくことになるのです。その後「がん哲学」の提唱へと導かれたのは必然だったのでしょう。それはさらに「陣営の外＝がん哲学外来」へと展開しました。

吉田富三は「広くがんを知っている」、「広く病気を知っている」、「ガラスの向こうに患者を見ている」、「自分のテーマを持って研究している」、「生物学にも興味を持っている」という人物でした。彼は「自分のオリジナルで流行をつくれ」と語りました。そして自身も事にあたっては考え抜いて、日本の持つパワーを十分に発揮して大きな仕事を成し遂げたのです。また、「顕微鏡を考える道具に使った最初の思想家」でもありました。その思想は「顕微鏡で見たがん細胞の映像から得た哲学」なのだと、彼の著作を読むと実感できるのです。

吉田富三は「人体の中で起こっていることは、社会と連動している」、「がん細胞に起こることは人間社会にも起こる」と語りました。ここに、「がん哲学」の源流があります。同時に「病理学=理論的根底」における懐の深さも感じます。先人の精神を学んだことが、自分の専門以外のことであっても勇気を持って声に出し、行動できるという自信につながり「がん哲学外来」はできたと思っています。私は「科学としてのがん学」を学びながら、「がん学には哲学的な考え方を取り入れていく領域がある」との立場に立ち「がん哲学」を提唱しました。病理学は顕微鏡を覗きながら大局観を持つことが求められる分野でもあります。がん哲学者は、高度な専門知識（がん学）と幅広い教養（哲学）を兼ね備えている人物のことであり、視野狭窄にならず複眼の思考を持ち、教養を深め、時代を読む「具眼の士」である必要があります。「目的は高い理想に置き、それに到達する道は臨機応変に取るべし」（新渡戸稲造）の教訓が今、生きています。そして「最も必要なことは、常に志を忘れないよう心にかけて記憶することである」（新渡戸稲造）という教えもまた、私の心の奥深くに根付いています。

「がん哲学」とは南原繁の「政治哲学」と、吉田富三の「がん学」をまさにドッキングさせたもので「がん哲学＝生物学の法則＋人間学の法則」という式が成り立っています。「風貌を見て、心まで診る＝病理学」の時代的到来でありましょう。人間の「誕生と成長」でなく「哀れとむなしさ」を起点とする病理学者は、「真理そのものに悲哀性がある」ことを学び、「自ら悲哀をその性格とする人たらざるをえない」（新渡戸稲造）という、これが私の人生の原点であり、聖書の「エデンの園」の出来事が「聖書とがん」へと導かれていった道筋だったのです。

第1部　聖書とがん

第一章　「神はがんをも創られた」のか

・太古の骨のがん

聖書におけるがん（癌）の記述は新約聖書、テモテへの第二の手紙2章17節にあります。新改訳聖書（新日本聖書刊行会発行）に書かれている「彼らの話は癌のように広がるのです。」は、がんが「悪いものが広がる様」のたとえとして使われているようです。

しかし、新約以前、旧約聖書創世記の時代から確かにがんは存在しました。『ナショナル ジオグラフィック 日本版サイト』（2016・7・29）によると、南アフリカのスワートクランズ洞窟で発掘された160〜180万年前のヒトの足指の骨の3次元画像を撮影したところ、がんの存在が確認されたというのです。当然ながら今のような知識や医療が無い時代の人々が、どのように自らの病気と向き合い克服しようとしたのか、それは想像に絶することです。人類の歴史は病気との、まさにがん（癌）との戦いの歴史であったと言っても過言ではないでしょう。

がん細胞の栄養素は食事によって摂取されるものも多く、その栄養の質が、がんになりやすい体にすることを否定はできません。しかしがんは現代病、つまり必ずしも現代風の食事や生活様式ががんを引き起こしているのでは無いということが、太古のヒトの骨からも分かるのです。では、がんはなぜ発生するのでしょうか。がん細胞に侵される人とそうでない人に違いはあるのでしょうか。

聖書において万物は神によって創られたとされています。創世記の天地創造物語から始まり、エレミヤ書10章16節、51章19節、新約聖書でもマルコ福音書13章19節、ヨハネ福音書3章35節等々……多くの箇所で神は万物を創造し支配したこと、そしてその全てを御子（イエス・キリスト）にお与えになったということが繰り返し強調されています。もちろん人間も、神が創られた「神の被造物」です。聖書には「我々にかたどり、我々に似せて、人を造ろう。そして海の魚、空の鳥、家畜、地の獣、地を這うものすべてを支配させよう」（創世記1章26節）とあり、神は地上において全ての被造物の支配権を人間の手に委ねたことになります。しかし、神の願いは空しい結果へと向かいます。エデンの園で平和に暮らしていたアダムとイブ（エバ）ですが神の言いつけに背いたことで実質上、神の被造物の支配権をはく奪されてしまうのです。アダムとイブはエデンの園から追放されてしまうのでした。

・「神は愛」

がん細胞も「神の被造物」でしょうか？

どのような経緯でアダムとイブが神の言いつけに背いたのかは後の章でも詳しく述べますが、万物、現代で言うところの自然物の中に人間も含まれる以上、その肉体を構成する細胞とその細胞が変異してできるがん細胞も、やはり神の被造物であるという……認め難いことかもしれませんが、そう考えるのが自然でしょう。アダムとイブは、そのがん細胞さえも支配できるはずではなかったのでしょうか。

「神はがんをも創られた」と語ったのは、ドイツのプロテスタント神学者、パウル・ティリッヒ（1986〜1965）です。ティリッヒは、人が現実の社会や状況の中で直面する問いに対し、キリスト教の真理によって答えることこそ神学の役目であり、「哲学の問いと神学の答え」という関係はそこから生まれると説きました。「がんはなぜ発生するのか？」という現実の問いに対する、ティリッヒの神学的見地による一つの答えなのでしょうか。

作家の三浦綾子さんは肺結核や脊椎カリエス、直腸がん等多くの難病に苦しめられた生涯でしたが、「苦難の意味するもの」（『婦人之友』1982年12月号 婦人之友社）と題された随筆の中で、次のように書いています。

「私は癌になったときにティーリヒの、『神は癌をもつくられた』という言葉を読んだ。その時、私は文字通り天から一閃の光芒が放たれたのを感じた。

神を信ずるものにとっては、『神は愛』なのである。その愛なる神が癌をつくられたとしたら、その癌は人間にとって、必ずしも悪いものとは言えないのではないか。

私達は『苦難』を取り違えて受け取っているのではないか、私はティーリヒの言葉にふと思った。

(神のくださるものに、悪いものはない)」

・人間の個性、がんの個性

自らがんと戦っておられた三浦さんの言葉ですから、特別な重みをもって私たちの心に迫ってきます。しかし、私たちががん患者の方々にこの言葉を伝えるのは簡単なことではありません。病気とは、とりわけがんのような病気とは……実に個人的な問題です。その痛みと苦しみ、不安、絶望。それは他の誰にも分からないことです。他の誰にも分からないことを、言葉にして話すことで分かるようになれば。たとえ分からないまでも、いつでも話を聞いてくれる人の存在によって患者さんの不安が和らぐのであれば、それは少なからず意義のあることでしょう。私のライフワークといえる「がん哲学外来カフェ」も、このような思いで働いてくださる仲間が大勢います。

「喜ぶ人と共に喜び、泣く人と共に泣きなさい。」（ローマの信徒への手紙12章15節）聖書に登場する、使徒パウロが語ったこの言葉から導かれる思いはなんでしょうか。偉大な癒しの奇跡はできなくとも、誰もができる、小さいけれど大切なことをパウロは教えてくれている気がします。

私は病理学者として、これまで5万人以上のがん細胞を見てきました。驚くべきことに、患者一人ひとりのがん細胞に同じものは無いのです。私が見てきた5万分の1の確率でさえ、同じものはありません。胃がんと診断されたAさんとBさんであっても、一人のがん細胞は別の顔を持っており、その性質も異なります。

性質が異なるということは、がんの進行具合も治療法も異なるということです。もちろんそれはがんの研究者が顕微鏡で見たときに分かる程度の小さな違いですが、しかし同じものは二つと無いのだということは、患者さんもご家族も心にとどめておいて欲しいと思います。

神が創りたもうた人間もまた、一人ひとりが違うもの、個性をもったものとして造られます。顔の似ている人であっても、親子であっても兄弟であっても、双子であっても人間はそれぞれが違うのです。そして違うそれぞれの人にまたそれぞれ違ったがん細胞が発生するという事実は、まったく驚くべきことです。

・がん細胞に起こることは、人間の社会にも起こる

人間が神の被造物であり、がん細胞もまたそうであるなら神はその人ががんであることを知っているはずです。知らないはずが無いと言えましょう。神は「あなたがたの髪の毛までも一本残らず数えられている。」（マタイによる福音書10章

30節）と聖書では教えています。

そう考えるときに付きまとうのが「神は何故がんをお許しになるのか?」という問いでしょう。「二人に一人ががんになる」と言われる時代において、これは全ての人間における共通の問いであり、人類の永遠のテーマかもしれません。

私は癌研（癌研究会）で病理学者としてのキャリアをスタートさせました。その癌研の所長をかつて務めていた人物に吉田富三（1903〜1973）がいます。吉田富三はがん研究の第一人者であり「吉田肉腫」の発見でも知られる、日本の病理学において忘れてはならない人物の一人です。彼はそれまではとんど分かっていなかったがん細胞の性質を明らかにすることで、「がん細胞生物学」という新たな学問を誕生させた功労者でもあります。彼が残している言葉には、私たち病理学者が今日がんを研究する上で基礎とも言うべきものが多くあります。「がんは一つの細胞からでも再発する」、「がん細胞には個性と多様性がある」。そして「がん細胞に起こることは、人間の社会にも起こる」、というものです。

がんは、たった一つのごく小さながん細胞から始まります。しかしこのがん細胞にはそれぞれに個性があり、また多様性にも富んでいるということ、そしてこれらがん細胞で起こることは社会でも起こる。つまりがん細胞、ひいては人体の中で起こることは社会と連動し縮図のようになっていると吉田は説くのです。

私が尊敬する新渡戸稲造（1862〜1933）からは次のことを学びました。「……人生は開いた扇のよう……、出発点では小さくてたえず大きくなっていくのである」。

世の中の多くの出来事は、ほんの些細な、あるいはたった一人の人物から起こされるということが多いように思えます。

それが歴史に残る偉大な出来事や発明・発見、また社会的な大事件にも発展する可能性を秘めているわけです。

・一つの言葉と一人の人物と

聖書を見ても同じことが言えるのではないでしょうか。天地万物の創造は、神のたった一つの言葉から始まりました。

「光あれ。」（創世記1章3節）。

これが全ての始まりです。聖書によればここから天と地と地上のあらゆる生き物、もちろん人間も創られていきます。現在の私たちが生きるこの地球上の全てが、この神の一言から始まりました。

しかし、先ほど述べたアダムとイブの罪（キリスト教ではこれを「原罪」と言います）から始まり、神に創られた人間たちは自分勝手なあらゆる罪の限りを尽くします。

それらの罪の赦しのために登場したのは、一人のユダヤの青年でした。その青年はイスラエルのナザレという田舎町に住み、大工の仕事をしていました。少年の頃から聖書に詳しく周囲の大人たちからは一目置かれていましたが、まさかその少年が自分たちの救い主であると、誰が想像し得たでしょうか。そうです。その青年こそイエス・キリストです。

イエスは決して華々しく当時の社会に登場したわけではありません。聖書によればイエスが誕生したことは母マリアと夫のヨセフ以外、ごく限られた人物しか知りませんでした。夜中にひっそりと家畜小屋で生まれ、小さな田舎町に家族と暮らしながら、30歳頃まで大工をしたとされています。

そのイエスもこんなたとえを用いて教えています。「天の国はからし種に似ている。人がこれを取って畑に蒔けば、どんな種よりも小さいのに、成長するとどの野菜よりも大きくなり、空の鳥が来て枝に巣を作るほどの木になる。」（マタイによる福音書13章31節〜32節）。一つの種を、一つのがん細胞と考えることはできないでしょうか。

このようにたった一つの言葉から、種から、あるいはたった一人の人物から物事が大きく広がるということは、聖書にも描かれているのです。

聖書で起きることは神の真理を現わしています。ですからそれは神が創られた人間、そしてこの社会の中でも起こるのです。聖書で起きたことが社会で起こるということ、そしてがん細胞に起こることも社会で起こるということは、一体何を意味するのでしょうか。

・目指すべきは円形ではない

人間とその体にあるがん細胞は神が創られた世界の一部ですから、人間が生きる社会と連動しているのは当然と言えるのではないでしょうか。神が創造されたものは全て目的があり、連動するのです。

このように述べると、「がんは良いもの」であるかのように思われるかもしれませんが、そうではありません。がんであることは、その人の個性であり受け入れるべきことであるという意味です。

誰しも健康で明るく、順風満帆な人生を望みます。しかし、私たちが目指すところは果たしてそこなのでしょうか。

キリスト者として後世の思想に多大な影響を与えた内村鑑三（1861〜1930）は、「真理は円形にあらず。楕円形である」と語りました。ここに私たちが目指すべき姿が見える気がします。円形であることはとても良いことのように思えます。何ごとも円満に平和的である姿のように受け取れますが実は排他的で柔軟性に乏しく、外部からの力や異物に弱い姿なのです。パンパンに空気を入れた風船を想像するのも良いでしょう。丸く安定した形をしているようでも、小さな針の一刺しで跡形も無く破裂してしまいます。

対して楕円形であることは、見た目はいびつで美しさに欠けますが、外からの圧力や刺激には柔軟に対応できます。楕円形であることは、中心が二つあるということです。二つの中心が緊張を保ちつつ絶妙にバランスを取りながら共存している姿が楕円形なのです。私たちの体にも、交感神経と副交感神経がありバランスを保っていますし、また一つのがん細胞の中にも「がん遺伝子」と「がん抑制遺伝子」があります。両者が相互に影響しながらバランスを保ち、がんの発生を抑えているのです。

異なるものが共存するのが楕円形であり、生命の原理とはまさにこの楕円形の原理で成り立っています。内村鑑三はがん細胞や病理学を指してこのように語ったのではないと思われますが、明確に神の真理を表していると言えそうです。

私たちも明るく活発な自分と、がんである自分。二つのバランスを保ちながら生活することはできないものでしょうか。万物を創られた神の真理を受け入れ、そのことによりがんである自分を受け入れることは難しいでしょうか。

楕円形の自分の姿。何とも愉快で、個性的ではありませんか！

他ならぬイエス・キリストも、全ての権威を持つ神としての姿、そしてあまりに弱々しい人間としての姿。見事に楕円形でありました。

第二章　イブの心に巣食ったもの

・知ってしまったイブとアダム

がんとは、体内の正常細胞ががん細胞に変化（がん化）することで発症します。正常な一個の細胞が、生体のコントロールを外れ、一個が二個、二個が四個に次々と分類を繰り返しながら、長い年月をかけて増殖します。そしてついには、私たちが肉眼で見て触れることができる腫瘍と呼ばれるものになります。

がんの恐ろしいところは、何といっても転移することでしょう。がんは大きくなり進行すると周囲の組織にも浸潤し、さらには遠く離れた別の臓器にも血管やリンパ管の流れによって転移し、そこでもがん細胞は同じように分裂を繰り返すことになります。

発がん要因は大きく3種類に分類されます。一つは遺伝性の発がんで、これが全体の約5％、環境性発がん（アスベスト中皮腫等）が約5％、そして両方の複合要因が全体の約70％を占めます。環境由来のがんは、正常細胞が外部要因によって突然変異を起こし、がん細胞となります。

がん細胞を研究し、病理や発がんのメカニズムについて考察を続けている中で思い出されるのは、聖書の創世記2～3章、有名な『エデンの園』の物語です。

神は最初の人としてアダムとそしてイブ（エバ）を創られました。二人はエデンの園で神と共に平和に暮らしていました。エデンの園の中央には二つの木がありました。一つは「命の木」、もう一つは「善悪の（知識の）木」です。園にあるどの木から実をとって食べても良かったのですが、中央にある善悪の木から食べることは神から禁じられていました。「食べると必ず死んでしまう。」（2章17節）からと。しかし、イブはヘビにそそのかされ、禁じられていた善悪の木からとって食べてしまいます。さらにイブはアダムにも……。

そのことを知った神は、アダムとイブをエデンの園から追放します。二人が善悪の知識を得るということは、単に物事の善悪を知るだけでなく命についての知識、

「命の木」の永遠性にも気付くということです。「善悪の（知識の）木」の次に「命の木」からも実をとろうとすることは想像に難くありませんでした。人間が神のようにふるまい永遠に生きようとすること以上の罪はありません。

・永遠の命を与えられたがん細胞

かくしてイブとアダムは善悪の木から食べたことにより、永遠の命どころではなく有限で、かつ苦しみと共存する人生が与えられました。

信じ難いことかもしれませんが、実はがん細胞には「永遠の命」があります。つまりがん細胞はそれ自体、永遠に生き続けることができるのです。正常細胞を試験管の中で培養しようとしても、細胞分裂を約50回ほど繰り返すと、その先はもう増えなくなり長く生きることはできません。ところががん細胞にはそれができます。人間の体内と同じ37度程度の環境を作ってやり、栄養補給を行えば、永遠に生き続けます。正常細胞には老化するというプログラムが自然にあるのですが、がん細胞にはそれがないのです。

神は人間が神のごとく永遠に生きることを許しませんでした。体内に「永遠の命」の元（つまり、がん細胞）を抱えることによって皮肉にもその宿主である人間が死に、そのためにがん細胞もまた生きることができなくなってしまうのです。「食べると必ず死んでしまう。」という神の言葉は真実でした。そして「塵にすぎないお前は塵に返る。」（3章19節）という言葉もまた現実のものとなるのです。

イブにとっては「善悪の知識の木からは、決して食べてはならない。」（2章17節）という神の言葉をそのまま受け止めている状態が、本来あるべき姿だったはずです。つまりこれは正常細胞といえる状態です。正常細胞だったイブが、なぜヘビにそそのかされて変異してしまったのでしょう。そもそも、ヘビはなぜイブをそそのかしたのでしょう。

エデンの園の物語は、そのまま発がんプロセスに例えることができます。

ヘビはウィルスや化学物質、放射線など外からがんを引き起こす原因となるトリガー（引き金）に例えられます。ヘビに（外から）そそのかされた（原因）ことにより、イブの中に内なる変化が起こります。発がんプロセスにおける内なる変化とは遺伝子の変異です。つまりここでがん細胞が発生するのです。

・付加と削除による変異

病理学の世界では、がん化のプロセスは「トランスフォーメーション（突然変異）」と「インモータライゼーション（不死・不滅）」によると言われます。がんは「正常細胞がトランスフォーメーションすることで、インモータライゼーションのがん細胞になる」と言うことができるわけです。イブはまさに、「善悪の（知識の）木」から取って食べたことで突然変異し、不死となる（がん細胞になる）プロセスを踏もうとしていました。

がんは正常細胞の遺伝子に外からの要因である「付加と削除」が行われることでがん細胞となり、がんになります。

おそらくヘビはイブに話しかけた時、イブがイエス・ノーで答えていたなら、そそのかすことはなかったのではないでしょうか。イブが神の言葉をそのまま理解し、そのままヘビに伝えていたなら、ヘビはイブと神の間に立ち入ることはできなかったでしょう。しかし、イブはヘビに話しかけられたことにより、神の言葉に「付加と削除」を加えてしまったのです。外部要因（ヘビにそそのかされること）によってイブの心に「もしかしたら食べても平気ではないか」という感情が起こされました。これが突然変異であり、細胞ががん化するメカニズムと重なるのです。さらに、一つだったがん細胞は仲間を増やそうとします。イブで言うならアダムですね。イブの心に巣食ったものは、まさに人間の体に巣食うがん細胞そっくりです。

しかし私たちがイブを責めることはできません。なぜならがん細胞は人間社会の縮図とも言えるような存在だからです。何か悪いことをたくらむ時、人間は仲間を増やし徒党を組みます。一人なら静かで穏やかな顔をしているのに、集団になると途端に悪い行動に走ってしまうものです。こうなるともう周囲のコントロールがきかなくなってしまいます。自分の犯した過ちを他者のせい（ヘビのせい）にするところなども、残念ながら私たちの社会でよくある話です。

・一個の塩基の異常ががん化を招く

エデンの園の物語とがんのメカニズムの関係は治療法にまで及びます。神はヘビにこう言います。「お前と女（イブ）、お前の子孫と女の子孫の間にわたしは敵意を置く。彼はお前の頭を砕きお前は彼のかかとを砕く。」（3章15節）ヘビが口を開けて人間のかかとに噛みつこうとしている姿を想像してみてください。これを、がん細胞と治療の関係にとらえると、人間とヘビの立場こそ逆転しますが、治療薬（かかと）とそれに作用する細胞のリガンドレセプター（ヘビの口）のように見えるのです。

まるで聖書は、人間の罪深さやがん細胞の悪いところばかり描いているのではなく、その対処方法もしっかり教えてくれているように思えます。

がん細胞は人間の体内の細胞あるところ、どこにでも発生します。人間の臓器の数は、約200です。そして、不思議ですね。世界の国の数もまた約200です。人間の体はどこか一か所に問題が起こると、体中に痛みが走ります。200ある臓器の一つでもがんに侵されたり、またがんでなくても病気になればその苦しみは全身に及びます。

対して、国はどうでしょうか。200ある世界の国のどこかで起こった問題、戦争だったり災害、疫病、貧困等々……世界中でその痛みを感じているでしょうか？　神が万物を、大地も人間も創られたのであるなら……考えさせられますね。

世界の国の話が出て来たところで、人間の一個の細胞を地球に例えてみましょう。細胞が地球だとしたら、染色体は国です。そして遺伝子が町ということになります。さらにその遺伝子にある塩基が、人間です。

ここで質問です。そんな小さな塩基の突然変異が、その細胞を丸ごとがん化させることはあるのでしょうか？

答えはイエス。あります。人の体は、約60兆個の細胞からできています。その一つ一つの細胞の中には核が入っており、核の中には46本の染色体があります。さらにその染色体をほどいていくと、ひも状のらせん構造をしたＤＮＡが現れます。そのＤＮＡのうち遺伝情報を伝える部分が遺伝子です。遺伝子は塩基の組み合わせで遺伝情報を伝えます。想像もつかないミクロの世界の話ですが、遺伝子は「命の設計図」と言われます。一個の細胞の塩基がその細胞をがん化させ、そこから一人の人間の全身をがんに侵すということは紛れもない事実です。逆に言うなら、この小さなたった一個の塩基を治せば細胞全体を救うことができるのです。ここでもたった一人の人間（塩基）が地球（細胞）を救うという聖書の真理、イエス・キリストの降誕を連想させますね。

新渡戸稲造から教えられた「出発点では小さくてたえず大きくなっていくのである」、あるいは吉田富三の「がん細胞に起こることは、人間の社会にも起こる」、に当てはめるなら、一個の塩基、つまり一人の人間が世界を、地球をがん化させることもできるということです。

・余計な知識が罪に向かわせた

旧約聖書の創世記の時代のイブは、突然変異した塩基だったのかもしれません。例え意図したことでなくとも、一人の人間が犯した過ちや罪がその後の世界を変えてしまうことは、大いにあり得るはずです。

イブはヘビにそそのかされることにより、余計な知識を得てしまいました。

私たちにとって知識が多いことは、必ずしも良いことばかりでは無いようです。

現代は誰もが本やネットで簡単に様々な情報や知識が得られる時代です。そのことで他者に惑わされ自分本来のあるべき姿から逸脱してしまったり、昨今のネットにまつわる事件を見ると命の危険を手繰り寄せているようにさえ感じます。エデンの園のアダムとイブの物語からはそんなことも読み取れるように思うのです。

がん患者やそのご家族も本やネットで色々な情報を集め、勉強されている方は本当に多いです。大型書店に行けば、それこそ一つの書棚がそっくり関連書籍で埋まるほど、がん治療最前線、がん闘病記、がん予防の食事等々、がんにまつわる書籍が山積みされています。ネット上でも「癌」で検索すると億単位の検索結果が出ます。本当に驚くばかりです。がんは命に係わる病気ですから、少しでも情報を得たいというお気持ちから本を求めるのは痛いほど分かります。心配なのは、それが医師やがん医療の専門家の著書であれば良いのですが、何やら怪しげな民間療法の情報や本も一緒に並んでいるのを見かけることです。情報の選択には注意が必要でしょう。

最近の患者さんの中には、私もびっくりするほどのがん知識を持った方がおられます。さすがにがんの細胞レベルの知識まではないですが、最新の薬品や治療法など、がんの専門医しか知らないような名称をスラっと言えたりするのです。

ただし勉強熱心なのは結構なのですが、それが情報過多に陥らないようにしたいものです。真面目な専門書であっても、がんのシビアな面ばかりグローズアップされていたり、また実際にあった闘病記の辛かった体験談ばかり読んでいると、かえって不安に駆られる患者さんも多いのではないかと思います。

本やネットは一方通行になることも多いです。一方的に得るだけでなく、できれば専門医に話をしたり、「がん哲学外来カフェ」を活用いただいて、正しい情報の共有をして欲しいと思っています。

やはり、人間は顔を見ながら直接話しをすることが一番です。アダムとイブの時代に聖書という本、情報源はありませんでした。神から直接教えを受けていた時代です。神という一番信頼すべき存在、……以外から得た知識が、二人を罪へと向かわせたのです。

第三章　ヨブを本当に苦しめたもの

・無垢な正しい人に与えられた苦難

聖書の中には病気に苦しめられる人物がたくさん登場します。がんではありませんが、皮膚病は見てはっきりと病気であることが分かるため、聖書の時代は罪を犯した人、あるいは呪われた人がかかる病気と考えられていました。すさまじい痛みや痒みだけでなく、周囲の差別的視線にも苦しまなければなりませんでした。イエスは多くの皮膚病患者を奇跡により癒しましたが、そうでもない限りほとんど不治の病でした。気持ちの上では、がんによる余命宣告に等しい、いや、それ以上かもしれません。かかってしまえば普通の人間としての扱いさえ受けられず、後は苦しみながら死を待つのみという恐ろしい病気だったのです。

聖書の中で重い皮膚病にかかり「なぜ自分が?」と神に問い続けた人物と言えば、旧約聖書の「ヨブ記」に登場するヨブ、その人でしょう。

ヨブは信仰に厚く、多くの子宝に恵まれ、家畜など豊かな財産を所有していました。聖書にはこのようにあります。「無垢な正しい人で、神を畏れ、悪を避けて生きていた。七人の息子と三人の娘を持ち、羊七千匹、らくだ三千頭、牛五百くびき、雌ろば五百頭の財産があり、使用人も非常に多かった。彼は東の国一番の富豪であった。」（ヨブ記1章1節~3節）。全てに恵まれ、何不自由ない生活を送っていたヨブですが、状況は一変します。ある時、神の使いたちが神の前に集まり、その時にサタンも一緒に集まりました。サタンは「堕天使」、「悪魔」と呼ばれる存在です。

サタンは神に申し出ます。あのヨブという男は家族と財産があるから神を敬っている。財産を失えばきっと神を呪うはずであると。それを聞いた神は、あろうことか「それでは、彼のものを一切、お前のいいようにしてみるがよい。ただし彼には、手を出すな。」（1章12節）とヨブのものを自由にする許しをサタンに与えるのです。神は自信があったのでしょう。ヨブのものは、すべて神が与えたものであるということをヨブは分かっており、何があっても信仰はゆるがないはずであると。

・「わたしの生まれた日は消えうせよ。」

まず、家畜が次々と略奪された報告、死んでしまった報告が届きます。続いて愛する息子や娘たちの死の報告も、ヨブにもたらされるのです。

凄まじいまでの悲劇が一瞬で起こりました。ヨブは嘆き悲しみ、地にひれ伏しましたが、しかし、それでもヨブは神への信頼を捨てませんでした。

「わたしは裸で母の胎を出た。裸でそこに帰ろう。主は与え、主は奪う。主の御名はほめたたえられよ。」（1章21節）。

サタンはその後も神に申し出て、ついに神はヨブ自身に手を下すことを許します。しかし、命だけは奪うなと。「サタンはヨブに手を下し、頭のてっぺんから足の裏までひどい皮膚病にかからせた。ヨブは灰の中に座り、素焼きのかけらで体中をかきむしった。」（2章7節～8節）とあります。壮絶な光景だったでしょう。

財産を奪われ、子供たちを失い、自らも思い皮膚病にかかったヨブ。誰が見ても落ちぶれた悲惨な姿です。妻からは神を呪って死んだ方がましではないかとまで言われます。

三人の友人がお見舞いに来ましたが、ヨブの変わり果てた姿を見て言葉を失います。「彼らは七日七晩、ヨブと共に地面に座っていたが、その激しい苦痛を見ると、話しかけることもできなかった。」（2章13節）とあります。

ヨブは三人の前でようやく口を開きます。「わたしの生まれた日は消えうせよ。男の子をみごもったことを告げた夜も。」（3章3節）。生まれて来なければよかったと、呻くように言うのです。

それでも三人はヨブが苦しんでいる様子を見ながら、その苦難についてヨブに語り始めます。しかしそれはヨブが望んでいる言葉ではありませんでした。三人は苦難の原因、「なぜ?」を突き止めようとしました。全ての苦難は神からの罪の裁きであるのだから、現に苦しみの中にあるヨブは罪人である。それを認めよというのです。ヨブは激しくやり返しました。

「ヨブ記」は聖書の中でも哲学的な書であると言われています。それはヨブと三人の友人たちとの言葉のやり取りからもうかがうことができます。そういう意味でも「ヨブ記」には「がん哲学外来の対話学」、その原点があります。

三人の言葉は、ヨブには正論に聞こえたことでしょう。しかし、ヨブはそれを受け入れることができませんでした。「確かに神の裁きかもしれない。でも私は裁かれるような罪は犯していないはずだ」と。

・正しい人になぜ苦難は訪れるのか

苦しんでいる人、特に病気の苦しみの中にある人にかける言葉は、必ずしも正論である必要はありません。同じことを言うにしても、視点を変えたり言い方を変えて言葉にすることは大切でしょう。むしろ元気な時に使う言葉と苦しんでいる時に使う言葉が、同じで良いはずがないのです。

ヨブを見舞いに来た三人は、憐れみと励ましの言葉をかけるつもりで訪れたはずです。しかし、自分の罪を認めようとしない頑なヨブの態度に、次第に言葉はエスカレートします。それは病気で苦しむ人にかける言葉ではありませんでした。

私たちも病気で入院している友人、とりわけ会社の同僚を見舞った時など、悪気は無くともつい会社の様子や自分のことを熱く語ってしまうことがあります。自分が仕事でバリバリ活躍している様子を話し、慰めるように「君はゆっくり休めよ」と言い残して帰る人。あるいは会社の忙しさを悲壮感ただようようにひとしきり語った後、「今は自分のことだけ考えろよ」と罪の意識を植え付けて帰る人。自分だってバリバリ仕事をしたいのに、自分だけ休んで会社に迷惑をかけていると十分分かっているのに、そこであえて事実をそのままの言う必要があるとは思えません。

元気な時に会いたい人ではなく、苦しい時に会いたくなる人に、私たちはなりたいものです。

ヨブは神を信じていながら、心の中は一つの疑問でいっぱいだったでしょう。

「なぜ自分が?」

罪の無い人間などいません。しかしヨブは神も認めるほど信仰熱心な人物でした。この苦難がもし神の裁きだとするなら、ヨブは自分のこれまでの人生に、これほどまでの裁きを受ける落ち度はないはずだと考えます。実際にそうでした。ヨブは神の自慢の僕でした。だからヨブは神から直接話を聞き、「なぜ自分が?」の答えを聞きたかったのです。

ヨブの疑問はそのまま「ヨブ記」のテーマだと思われます。人間はなぜ苦しみにあうのか。善良で正しい人になぜ苦難は訪れるのか、ということでしょう。

しかし、残念ながら「ヨブ記」を読んでもその答えは見つかりません。仮に見つけ出したところで苦難を避けることはできません。

であるなら、私たちが苦難の時求めるべき答えは「なぜ?」ではなく、「どのように?」生きるのか、ということになるのではないでしょうか。

ヨブは神の言葉を求めました。「なぜ？ 信仰深く生きてきたはずの私がなぜ？ 神様はこのまま私を放っておかれるのか？」 その答えは神に直接聞く以外ありませんでした。「そうだ、神はわたしを殺されるかもしれない。だが、ただ待ってはいられない。わたしの道を神の前に申し立てよう。このわたしをこそ神は救ってくださるべきではないか。神を無視する者なら御前に出るはずはないではないか。」（13章15節～16節）とはまさにその気持ちを表すヨブの言葉でしょう。

・神は動いていたのか

内村鑑三が著した『ヨブ記講演』（岩波文庫）に次のような一節があります。「かくて十五節の意味は『我は飽くまでわが無罪を神に訴えん、そのため彼に殺さるるに至るも敢て厭わず』というに在る。彼は勇気を揮（ふる）い起こしてこの強き語を発してみた。しかし神よりは何らの反響がなく、友は皆かれを誤解している。そして己の中にはこの勇気を持続せしむるだけの力がない。」

ヨブにとって財産を失い、子供たちを失くし、そして自らも重い皮膚病にかかったこと、そのことが苦しみの理由だったのではないような気がします。もちろん全てを失うことや病気のまま座して死を待つことも大きな苦難です。しかしそれよりも、自分の信じてきた神が何も答えてくれないのは一体どういうことか。神が自分を愛し認めてくれるなら、放って置かず救ってくれるべきではないか。それこそが、ヨブの苦しみの根源だったのではないかと、内村鑑三の解説からは思わされるのです。

しかし一方で、もしかしたら神はヨブのために動かれていたのかもしれない、そんな風にも思えます。神はヨブを放って置いたのではなかったのではないか。ヨブ自身、また本人たちさえ気付かない神の使い、それは他ならぬ三人の友人ではなかったでしょうか。旧約聖書の時代は、神自身が直接語りかける場面がたくさん出てきます。しかし、現代では神が直接言葉で私たちに語りかけることは無いと言ってよいでしょう。聖書では言及されていませんが、この場面、神は友人をお遣わしになってヨブを励まそうとしたような気がするのです。

・背負い続けていくもの

ヨブはついに神の言葉を聞きます。そしてヨブを諭した後、神は三人の友人を厳しく叱責します。「テマン人エリファズ(※三人の友人の一人)に仰せになった。『わたしはお前とお前の二人の友人に対して怒っている。お前たちは、わたしについてわたしの僕ヨブのように正しく語らなかったからだ。しかし今、雄牛と雄羊を七頭ずつわたしの僕ヨブのところに引いて行き、自分のためにいけにえをささげれば、わたしの僕ヨブはお前たちのために祈ってくれるであろう。わたしはそれを受け入れる。お前たちはわたしの僕ヨブのようにわたしについて正しく語らなかったのだが、お前たちに罰を与えないことにしよう。』」（42章7節〜8節）

三人の友人は、ヨブの気持ちを理解しませんでした。理解しようともせず、自分の考えが正しいとばかり語気を強めてヨブを責めるように論じました。もし、この三人がヨブに理解を示し励ましの言葉をかけることができていたら、理解はできなくともその嘆きの言葉をもっと聞くことができていたら、ヨブの苦しみはこれほど大きなものにならなかったかもしれません。ヨブを本当に苦しめたのは、理解してくれる人がいなかったことにあったのではないでしょうか。

本来なら妻や友人がその役割を果たすべきだったのだと思います。妻に関しては聖書に詳しく書かれておりませんが、「どこまでも無垢でいるのですか。神を呪って、死ぬ方がましでしょう」（2章9節）と夫のヨブに言い放ちます。まるでサタンが使うセリフです。妻にとっても大切な息子と娘、財産も一度に失ったわけですから、その悲しみは想像を絶するものがあります。その後のヨブの返答から推察すると、妻はとうに涙も枯れ果て、神を呪い、それでもまだ神を賛美する夫の態度にイライラしていたのかもしれません。

三人の友人は、この苦難はヨブの罪に対する神の裁きだと語ります。つまり、「罰（バチ）」が当たったのだというわけです。こんな話でヨブが慰められるわけがありません。ヨブは信仰を持ち、芯の強い真っすぐな人でしたからそんな考えは受け入れませんでしたが、人によってはそれを一生背負い続けてしまう場合もあります。後悔と自責の念に縛られて生きる人生ほど辛いものはありません。

さて、ヨブ記をここまで読んで、あなたは誰に自分を置きかえますか?ヨブですか、妻ですか。それとも友人ですか?実際にがんにかかっておられる方なら、ヨブを自分に置きかえるでしょう。

・あなたが家族、友人だったら

もしあなたががん患者であるなら、ありのままの自分の気持ちを安心して吐き出せる場所を探しましょう。そして、あなたの言葉を聞いてくれ、理解しようとしてくれる人を一人でも多く見つけましょう。それにはどうすればよいのか、がんとの向き合い方を変えることです。あなたが責められる理由は何一つありません。そしてもちろん罰が当たったわけでもありません。どんな善人でも、牧師でも医師でも、大統領でも総理大臣でもがんになるのです。

もしあなたががん患者の家族だったら、どうかいつも近くにいる存在でいてください。特に何かをしてあげようというのではなく、そばにいるだけでいいのです。もちろん病院に付き添ったり、いろいろ事務的な手続きのサポートはご家族がすることになるでしょう。でも、特別なことをする必要はありません。何もしなくてもがん患者のご家族は不安ですし疲れもおぼえます。一緒に不安になり一緒に疲れること。それ自体が、家族です。がん患者にとって家族は、何をするか〝to do〟よりも存在〝to be〟がささえになるのです。

あなたががん患者の友人であるなら、お見舞いに行くかもしれません。その場合、できるだけ予約をしてから見舞ってください。相手の都合を考えて準備や、場合によって断れる状況を作ってあげてください。見舞いに行ったときは分かり切ったことを聞くのはやめ、仕事の話はせず、ネガティブなことも聞かないようにしてください。つい話してしまうのが、「大丈夫ですか?」「辛いでしょう」「仕事はいつまで休めるの?」等々です。

「大丈夫ですか?」大丈夫なはずありません。がんなのですから。「辛いでしょう」辛いに決まっています。「仕事はいつまで休めるの?」それが分かれば苦労はありません。復帰できるかどうかも心配なのに……。そうではなく明るい雰囲気を作り、「何でも聞くよ」という姿勢を心がけましょう。ヨブの友人たちができなかったのはこれですね。何でも話せる雰囲気が作れれば、家族には言えないことを打ち明けられることだってあるかもしれません。

そして、友人ならぜひご家族にも声をかけてあげてください。肉体的にも精神的にもがん患者の家族が受けるストレスは大変なものですが、その割に家族の話を聞いてくれる人は案外少ないのです。ご家族には慰めの言葉と、別室で一緒にお茶を飲むなど少し家族が息抜きのできる時間を持つのも良いと思います。「がん患者をささえる家族を、ささえる」という意味でも「何かできることはありませんか」とさりげなく言葉をかけるのも、張り詰めた気持ちがほぐれることにつながるでしょう。

ヨブ記から教えられることは、ヨブの信仰や苦難に対する姿勢だけではなく家族や友人はどのように患者と接するべきかということ、その辺りも大いに学ぶことができそうです。

第四章 「なぜ自分が？」の答え

・〝Why?〟ではなく〝How?〟

医師からがん告知を受けた人の頭に真っ先に浮かぶ言葉が「まさか」、そして「なぜ自分が?」という問いではないでしょうか。告知の瞬間からがん患者となった人がそのショックから「なぜ自分が?」の答えを求めてさまよい、もがくことも決して少なくありません。

科学的に言うなら、その答えは「正常細胞ががん化したから」なのですが、求めているのはそのような答えではないはずです。もっと前の「なぜがん化したのか」、さらに言えば「なぜ自分はがんで死ななければならないのか」ということでしょう。それだけ多くの人にとって「がん＝死」。誰もがそう直感的に思うほど、がんは辛く重たい病気なのです。

なぜがんになったか、どうすればがんが治るのか、それを研究するのが病理学者である私の仕事です。細胞レベルの研究や分子生物学的な探求、それらを基にした有効な治療法の開発など、病理学では様々な方向からがんへのアプローチが行われます。それにより白血病など一部のがんでは有効な治療法が開発されましたが、ほとんどのがんは早期発見と早期治療が未だ一番の有効処置です。最先端医療をもってしても治るがんは治りますが、治せないがんは治せないという状況は変わっていません。

自分のがんが「今の医療では治せない」がんだと分かったとき、その人に必要なことは何でしょうか。「なぜ自分が?」の答えを探すことでしょうか。私はこれまで5万人以上のがん細胞を研究してきましたが、「なぜ自分が?」の明確な答えには残念ながらたどり着いていません。仮にその答えが分かったとしても、そのことによって医療で治らないがんを治すことはできないでしょう。

であるなら、がんとの向き合い方を変える必要があります。がんとの闘いを決意したとき求めるべきは「なぜ?〝Why?〟」ではなく、「どのように?〝How?〟」生きるのか、ということなのです。適切な治療を受け、がんと闘いながらがんと共存していく道を一緒に探ろうではありませんか。

・人生の主導権をがんに渡さない

がん研究という医療の分野に哲学を採り入れた「がん哲学外来」を提唱したのも、がんを肉体的あるいは科学的な側面からだけではなく、心的側面も含めて総合的にとらえなおす必要性を感じたからです。

がん患者のやるべきことは、どのようにがんと一緒に生きてゆくかを考えることです。「がんになっても、がんでは死なない」ことを目標として欲しいと思います。それは今のがん研究の最終的な目標でもあります。「天寿がん」の実現化です。それはたとえ40歳でがんになっても80歳まで生きられるようにがんの進行を遅らせることです。神から与えられた人生、その主導権をがんに渡さないためにも、がんと共存するという選択をするのです。

実際、死ぬまでがんとは気付かず、がんの症状も無いまま別の原因で亡くなり、病理解剖して初めてがんだったと分かる「天寿がん」は、高齢者の前立腺がんや甲状腺がんなど20%程度あると言われています。がんが発見されても、適切な治療によってがんと共存しながら寿命をまっとうできれば、それは「天寿がん」と言えるでしょう。

もちろん理想はこの世からがんが無くなるか、あるいは完全に治療できるようになることですが、現実的には極めて難しいことです。それでもがんの進行を遅らせることはできる。「がんはなくならない」のであれば、うまく共存するしかありません。それには私たち医師の研究努力はもちろんですが、患者さん本人のがんへの向き合い方、そして家族やささえる人の存在がとても重要になってきます。

がんと向き合うことは自分と向き合うこと。がんと闘うことは自分と闘うこととも言えます。でも決して頑張ることではありません。「頑張ってがんをやっつけよう」その意気やよし、ですがそれでは闘う前に疲れてしまいます。患者さんの理想の闘い方は、がんと取っ組み合いをするのではなく、「無視する」に近いでしょう。普段は無視しながら時々チラッと様子を見るくらいの、そんな関わり方がいいと思います。私は「がん哲学外来」で患者さんとご家族、私の三人でいろいろな話をしながらよく笑います。そしてつられるようにお二人も一緒に笑います。がん患者とご家族を前にして、よくそんなに笑えるものだとお叱りを受けそうですが、実はこのとき、患者さんはがんのことはすっかり忘れています。楽しいとき、人間は病気のことさえ忘れてしまうのです。帰られる際「あ、私がんだったのですね」と、また笑いながらおっしゃる患者さんもいます。がんと向き合う生活で、がんのことを忘れてしまうようになれれば、しめたものですね。

・パウロが持っていた「とげ」

がんとの共存を考えるとき、聖書の中には示唆に富んだ話が随所に登場します。がんと共存することは、「あっては困るもの」と共存するということ。良いものとバランスを保ちながら一緒に生きてゆくことです。

エデンの園でイブ（エバ）をそそのかし、人間を罪の存在へと陥れたヘビは、今もこの世で人間と共存しています。

パウロは体に「とげ」を持っていました。「それで、そのために思い上がることのないようにと、わたしの身に一つのとげが与えられました。それは、思い上がらないようにと、わたしを痛めつけるために、サタンから送られた使いです。この使いについて、離れ去らせてくださるように、わたしは三度主に願いました。すると主は、

『わたしの恵みはあなたに十分である。力は弱さの中でこそ十分に発揮されるのだ』と言われました。だから、キリストの力がわたしの内に宿るように、むしろ大いに喜んで自分の弱さを誇りましょう。」（コリントの信徒への手紙二12章7節～9節）。

パウロの言う自身の「とげ」とは何らかの病気や肉体的な障害だったのか、あるいは迫害や誘惑のことだったのか定かになっていませんが、身体的なものであるという説が有力なようです。これをパウロは「サタンから送られた使い」と表現しています。サタンと病気のコンビで思い出すのはヨブ記のヨブですね。ヨブもパウロも、救い出してくださるよう神に願いました。ヨブは神から自分の存在の小ささと神の偉大さを教えられました。そして祝福を受け、叱責を受けた友人たちのために祈る者となるよう命じられたのです。

パウロも似ています。サタンからの使いに離れ去らせてくださるよう神に三度願ったというのです。三度ということは何度もということでしょう。すると神は「わたしの恵みはあなたに十分である。」と答えられたとパウロは言います。パウロは自分が祝福を受けていることを再確認するのでした。そしてやはり、多くの人たちのために祈り、働く者とされたのです。パウロから問題が取り除かれることはありませんでしたが、代わりに神はその問題を解消するための（解決ではなく、解消です！）、つまり「とげ」という問題と共存するための力をパウロに与えたのです。パウロはそれを「誇りましょう」と語ります。共存するために強くなろうではなく、弱さを誇ろうと言うのです。

がん患者からも、がんという問題が消え去り、解決することは無いかもしれません。しかし問題を解消させ乗り越える力は、一人ひとりすでに持っているのではないでしょうか。そのために……がんと共存するために強くなるのではなく、弱さを持ったそのままの自分で良いのだと励ましてくれる、すばらしい聖書の教えがここにあります。がんは人の体は侵しても、心まで侵せないのです。

・医療にとってのスピリチュアル

ある時、「がん哲学外来」の取材に来られた女性記者さんから、こんな質問を受けました。「がんという生死に関わる病気になったとき、元気なときには考えもしなかった生命の根源的な問いに直面する方が多いようです。『がん哲学外来』では、スピリチュアルな問題をどう考えるのでしょうか。希望をなくした人にとって、人間のスピリチュアルな領域は避けて通れない問題だと思われるのですが」

日本語で「霊的」と訳されるスピリチュアルな問題はとても重要です。生と死を考える上で、肉体的なことだけでなくそこにある霊的なものに触れなければ、最後のところでがん患者さんが納得した人生を振り返ることは難しいでしょう。

実際、医療の世界でも徐々に「スピリチュアル」という言葉が使われるようになっています。そのきっかけとなったのが、1988年にＷＨＯ（世界保健機関）が行った健康憲章の改革です。これまでの健康の定義に初めて「霊的」という言葉が加えられ、医学の世界に衝撃を与えました。

ここで言われている霊的（スピリチュアル）とは特定の宗教を想定したものではなく、物質的なものを超越した生命の本質や魂に関する概念を表したものと考えていいと思います。

しかし、私は「がん哲学外来」で話すとき、スピリチュアルという言葉を使ってお話しすることはほとんどありません。

人間はどんな人であっても、たとえどんな境遇にあったとしても、一人の人の存在には絶対的な価値と意味があると私は考えています。「その人の存在そのものを無条件に認める」ということです。私自身がやっていることの「根源」はそこにあり、それがスピリチュアルについての私の答えです。

私自身、ここでのスピリチュアルは宗教色を持たない以上、聖書に書かれている霊の教えとは別のものだと思っています。私の思いは神が意志をもって造られ、無条件に愛し、貴いとおっしゃる人を、私も無条件に敬意をもって接したいということ。それだけです。付加も削除もそこにはありません。

・「安心しなさい。」

敬意をもって相手と接するためには、相手を尊重し、まず相手の話を聞くことが大切です。医療もまた患者さんの話にじっくり耳を傾けることから始まります。それが出発点です。

しかし今の医療現場に決定的に不足しているのはこの点なのです。体調に不安を感じている患者さんに対し医師がまずやることは、安心してもらうことです。それにはどんなに忙しくてもペンを置いて、患者さんの顔を見て話すことが大切なのですが、現実的に大学病院等の大病院ほどそれができていません。慢性的な医師不足や病院経営のひっ迫もあり、次から次と訪れる患者さん一人にかける診察時間がどうしても短くなってしまうためです。

私は医師ですが病理医です。病院で診察や手術をする臨床医ではありません。しかし、がん研究をする者として日常的にがん患者の声を聞く機会はありますし、「がん哲学外来」では患者さんから聞く不安なことの中に病院の診察を挙げる方もいらっしゃいます。それは一言で言えば、「私の主治医はいい先生だが、なかなか話を聴いてもらえない」というものです。患者さんは「聞いて」欲しいのではなく「聴いて」欲しいのです。

医師は、「どのように？〝How？〟」この患者さんのがんを取り除くかを考えます。一方、患者さんは先ほども述べたように「なぜ？〝Why？〟」を考えてしまいがちなのです。そこで医師と患者さんの間にギャップが生じてしまいます。「先生、何で私はがんになんかなってしまったのでしょう」患者さんのその〝Why〟に対し、医師は答えようがありません。医師は〝Why〟ではなく、〝How〟を考えているのですから。がんを治療するという目的は同じなのに、このようなぎくしゃくした関係は少なくないと聞きます。両者の根本的な違いを踏まえてコミュニケーションをとっていけば、必ず互いに理解し合える関係が築けるはずです。

患者さんが医師に求めているのはがんの説明や治療法だけではありません。がんを抱えて生きること、その全てについての「専門家である医師の見解」です。

だからこそ、医師は患者さんの小さな不安の言葉や質問も聞き流さず、耳を傾ける必要があります。そしてそれができる医療体制を整えていくことが、これからの医療における大きな課題と言えましょう。

「安心しなさい。わたしだ。恐れることはない。」(マタイによる福音書14章27節)これは、湖の上で恐怖に怯える弟子たちにイエスがかけた言葉です。医師とキリストを較べるわけにいきませんが、患者さんは医師とこのような関係になることを望んでいるのかもしれません。「この先生が一緒なら安心できる」と。

もしかすると、キリスト教会でも牧師に同じような関係性を望むクリスチャンがいるかもしれませんね。実際にがんや他の重い病気と闘っているクリスチャンがおられる教会もあるでしょう。

全国のキリスト教会で「がん哲学外来カフェ」が展開されている理由の一つは、「がん哲学外来」と「教会」が「安心しなさい」というイエスの言葉でつながっているからではないか、とも思います。がんで苦しむ方々に向け、教会が「安心しなさい」を発信していく場としてますます用いられることを期待しています。

第五章　がんを知り、がんに学び、聖書に求める

・がんは人を哲学者に変える

がんは人を哲学者に変えるといいます。医師からがん宣告された人は、程度の差こそあれみんなショックを受けます。頭が真っ白になった人、何も考えられず思考停止に陥ってしまったという人もいます。中には冷静に事実を受け入れたという人もいるでしょう。しかし、診察室を出て一人静かに自分の置かれた境遇を思うとき、こみ上げてくる思いはみな同じではないでしょうか。

「まさか、なぜ自分が……」二人に一人ががんになると数字では聞いていても、まさか自分に限ってという思いは一緒なのです。自分のこれまでの人生を振り返り、

後悔と感謝、様々な思いが交錯します。「人はなぜ生まれ、なぜ死ぬのか。人生とは何なのか、死んだ後はどうなるのか」など、これまでなかったほど真剣に「生と死」について考え始めます。

がんになってからまったく人が変わってしまったというご家族の話も聞きます。それも私の経験上、良い方向に変わる人が多いように見えます。いつも威張ってばかりで家庭を顧みなかったご主人が、病院で世話をしてくれる奥様に感謝の言葉を述べるようになったとか、余命宣告を受けた人が道端に咲く小さな花を見て涙を浮かべたなど、これまで気にも留めなかった周囲の存在やありがたさに気付くようになるのです。

がんと宣告を受けたその瞬間から、残された日々・時間を懸命に生きるようになります。自分の周りや社会のあらゆる出来事に関心を持つようになり、自分の人生はこれで良かったのか、やっておくべきことはなかったのかと考えるようになります。残された時間の、自分の生き方を考えるようになるのです。それが

「がん哲学」であり、がんと闘う大切な武器となります。

がん細胞は、確かに私たちの「敵」です。しかし、敵に勝利したいならまず敵を知ることです。時には敵の内部にまで入り込み、あらゆる情報を集めて調べ上げねばなりません。私のやっている病理学は、まさにそんな感じです。顕微鏡をのぞきながらがん細胞を研究しているときは、何とか敵を打ち負かす方法はないものかと、細かな情報までかき集める作業をしているのです。

敵の企みは分かっています。静かに少しずつ仲間を増やし、領土を広げ、ついには宿主である人体を支配することです。

・がん細胞の能力は正常細胞以上

がんという敵に学ぶべきことは、実はたくさんあります。がん細胞は正常細胞にない特性や能力をたくさん持っており、それは私たち人間の生き方にも通ずるところがあります。

がんが「神が創られた被造物」の一つであるなら、私たちはそこから学ぶことができるはずです。神は何かをするとき、必ず意志と意図をもってそれをすると、私は考えます。がんから学んで浮かび上がった疑問は、自ずと聖書が答えてくれるでしょう。

がんの研究をしていると、がん細胞とは実に不思議な存在であると感じるのですが、まず見た目から違います。同じがん細胞を持つ人は二人といない、ということはすでに述べましたが、なめらかな正常細胞と比べてがん細胞は表面がごつごつしており、人相（細胞相？）が良くありません。

また、たとえば正常細胞が必要とする栄養素のうち、必須アミノ酸などは外から食事で取り込むしかないのですが、がん細胞は違います。自分で作った蛋白を外に排出しながら栄養を効率よく取り込むことができるため、栄養素が少ないところでも生きることができるのです。それはまるで水車のようであり、取引上手なやり手社長のように見えなくもありません。成長の過程で栄養が足りなくなれば血管という輸送ルートまで作ってしまいます。すごい行動力です。しかしそれが何回細胞分裂を繰り返しても決して衰えない、凄まじい生命力につながっているのです。がん細胞は「永遠の命」を持っていると言われる所以です。細胞としての能力だけを見るなら、正常細胞より優秀だといえるでしょう。人間にもいますね。決してイケメンではないけれど、しぶとく生き抜いていく知恵と能力は誰にも負けないという人が……。

では細胞分裂はどのようにして起こるのでしょうか。分裂はまず細胞核で始まります。染色体がそのままコピーされて、元の染色体のそばに新しくワンセットの染色体が出来上がります。この二組の染色体は、初めはくっついているのですが、やがて離れていきます。細胞核も細胞膜も全てが離れれば、分裂は完了です。

ただし、この時染色体がコピーミスを起こすことがあります。1000万回に1回程度の頻度なのですが、体全体にある60兆個の細胞の内、一定割合の細胞は毎日分裂していますので、回数は膨大になります。これが直接正常細胞の変異に結びつくわけではありませんが、こんなことをしていれば正常細胞のがん化はあって当然という気もします。

・がん細胞から聖書を学ぶ

のんびり屋の「お坊ちゃん」である正常細胞のミスに、たくましいがん細胞という名のガキ大将が付け込んでいるような、そんな状況でしょうか。もともといい子だったのに、突然悪いグループに入ってしまった「不良息子」とも言えます。こうなると親（正常細胞）のコントロールは効かなくなってしまいます。実は不良息子になる前兆はあったはずなのです。がんと同じで更生させる（治す）には、早期発見が何より大切ということです。吉田富三の「がん細胞に起こることは、人間の社会にも起こる」という言葉がここでも思い出されます。

がん細胞の特性はまだあります。がんは乱暴者のように思えますが実は慎重派で、時間をたっぷりかけて成長していきます。勾配の緩やかな道を選んで歩くような、なだらかな階段を一歩ずつ上るような進み方なのです。

それはまるで、尺取虫の歩き方を見ているようです。一歩進んだらその場で地歩を固め静かに成長し、浸潤の能力を獲得します。さらに大きくなったら今度は遠隔地への転移能力を身につけて少しずつ勢力の拡大を図ります。各階段をしっかり踏んでから次に進んで行くのです。

人間も同じですね。未知なる目標に向かって進むとき、まず自分の足元を固めてから次のステップを踏むのではないでしょうか。たとえその先が険しい絶壁だったり行き止まりだったとしても、また元いた場所へ戻って違う方向を目指すことができます。急がずに、失敗したら立ち止まり、戻って道を変えてみる。何度でもチャレンジできますね。

「だから、わたしたちは落胆しません。たとえわたしたちの『外なる人』は衰えていくとしても、わたしたちの『内なる人』は日々新たにされていきます。」（コリントの信徒への手紙二 4章16節）その度ごとにリセットされるような感覚は、聖書に書かれているパウロの言葉と重なりませんか。まさかがん細胞から聖書を教わるとは、誰も思いませんね。

こんな不思議な能力を持ったがん細胞と闘うには、まともに正面からぶつかり合ってはいけません。初期のがんであれば、まともにぶつかり合う（治療する）ことでほとんど治ります。しかし、そうでない場合、患者さんにとってがん細胞と闘うことは共存するということになります。そのために必要なことは「競争」ではなく「並走」するようなイメージでがんと生活をすることです。それもがん細胞のペースに合わせて進むのではなく、なるべくこちらのペースで歩くように、知らんぷりしながら時々横目で相手を見て、行く手を遮るように進めばいいのです。

・**自分らしく生きる**

しぶとく生命力の強いがん細胞ですが弱点もあります。特に初期のがんは、「熱に弱い」「アポトーシス（自死）」を起こしやすい」という特性が見られる場合があります。

しかし、がん細胞の最大の弱点は宿主を殺してしまうということでしょう。がん細胞の強力な能力である「永遠の命」が仇になるのです。先にも述べたようにがん細胞の生命力は旺盛です。人間の体内でどんどん増殖を続けたがん細胞は、ついに宿主である人体をも支配し、殺してしまいます。すると当然ですが、がん細胞も死んでしまいます。細菌やウィルスも宿主を殺してしまう可能性はありますが、別の生体に伝染して生き残れる可能性があります。がんは基本的に伝染しません。宿主と共に生き、宿主と共に死ぬ。一代限りの命です。

やはり神は「永遠の命」を許さなかった……そう思わざるを得ません。

がんの特性を知ることは、患者さんががんと向き合うためにも大切なことです。どのようなメカニズムで正常細胞ががん化し、増殖・転移を繰り返すのかを知ることで浮かび上がるのは、がん細胞のしたたかでたくましい姿かもしれません。このような「内なる敵」、がんを恐れるのは当然のことですが、そればかりでなく、僅かであっても余裕のようなものが生まれてきたことに気づくはずです。この余裕が、がんと向き合う生活に欠かせません。

がんと向き合う生活とはどのようなものか、一言で言うと「自分らしく生きる」ということです。がんになると、人は優しくなったり哲学者のようになったりする人が多く見られますが、それは新しい自分に変わったというより、本来の自分らしさを取り戻したということのようにも思えます。もともとそういった素養のある人が、仕事の責任や家族を守る責任を負うことで、社会に適応するように変えられてしまっていたとは言えないでしょうか。

がんと告知されると、会社や家庭で占めてきた位置が突然揺らぎます。居場所を失ったかのような不安を感じる人が大勢いるのです。忙しく頑張ってきた人ほど、それまでの日常生活ができなくなってしまう喪失感は計り知れません。絶望の淵に立たされたような感覚に襲われ自分を見失ってしまいます。

その状態から脱却するためには、まず自分のことに無頓着になることです。

投げやりになるのとは違います。自分がこれまでこだわってきた価値観、あるいは「こうでなければいけない」といった自分が守ってきた流儀のようなものを、意識してすべて手放してみることです。今まで競争社会の中で必要だった競争心を捨て、認められるために自分がやってきたことをできるだけ他人に任せてしまうという、いわば思い切った「自己放棄」です。

これまでの自分が本当の自分だったのか。もしそうでないなら、思い切ってみることに不安はないはずです。これをすることで自分の人生と正面から向き合い、またがんとも向き合うことができます。

「わたしの目にあなたは価高く、貴く　わたしはあなたを愛し　あなたの身代わりとして人を与え　国々をあなたの魂の代わりとする。恐れるな、わたしはあなたと共にいる。」（イザヤ書43章4節～5節）

聖書では、何かができる人に価値があるとは教えていません。そのままの、本来のあるべき姿が「価高く、貴」いと言っています。がんという人生の苦境から脱却しようとしている人にとって、これほど勇気を与えてくれる聖書の言葉を、私は他に知りません。

・ゆだねる

がん患者の大半が、最期を迎えるときまで頭はハッキリしています。がんの進行と自分の病状を非常に冷静に、かつ知的に受け止めることができます。自分ががんになったことに折り合いをつけるため、残された時間をどう使うか、家族に何を残し、人生の最期をどう締めくくろうかと必死に考えます。

しかし、そうは言っても自分一人の思考で全てを整理しながら考えられる人は、そう多くありません。

がん患者は周囲の人たちから様々な励ましや共感する言葉をかけられますが、それだけで心の問題は解決しません。一時的に心が軽くなったように感じても、病院のベッドや自宅に戻り、一人になるとまた様々な思いがこみ上げ混乱してきます。それはやはり、外から与えられる言葉は自分の内から湧き出た言葉ではないからです。

自分の歩んできた人生の道のりは、やはりその人にしか分かりません。その道のりががんによって突然寸断されてしまうのです。道半ばで倒れることに価値を見出すこと、悔しさや悲しさ、恐怖。それを自分で咀嚼して表す言葉が必要なのです。その言葉さえ見つけられれば、患者さんは必ず強くなれます。

ここが「がん哲学」の核心です。患者さんには自分の置かれた状況を論理的に考えるための「言葉」を見つけてもらいます。他者からの言葉ではなく、自分の頭で自分の言葉として考えてもらうのです。

これはとてつもなく大切なことなのですが、患者さん一人でなかなか見つかるものではありません。そこで私が前向きに考えるためのヒントを投げかけるのです。これを私は「偉大なるお節介」と言っています。

私がお節介として患者さんに示す言葉のヒントは、私自身が尊敬する人物の言葉や人生訓であったりするわけですが、やはり聖書の教えと重なる言葉や聖書からインスピレーションが与えられるものが多いように思います。

「人生いばらの道、されど宴会」は旧約聖書の箴言「……一生は災いが多いが心が朗らかなら、常に宴会にひとしい。」(15章15節)と重なります。

また、「八方塞がりでも天は開いている」は、詩編の「あなたの道を主にまかせよ。」(37編5節)とつながります。

このような言葉を投げかけると、ちょっと真顔で考えた後みなさん笑顔に変わります。「そうですよね。人生はまだ続く。病気は置いておいて、楽しまなければ損ですね」などと嬉しそうに話し始めるのです。

不思議と、聖書の言葉は患者さんの心に染み入るようです。「病気は置いておいて」、ということは聖書で言うところの「ゆだねる」ということでしょう。自分の頭で考えながら、何か心に注がれるようなものがあるのかもしれません。

それこそが「内なる敵」がんと闘っているのは、患者さんの中の「内なる人」

であるという証しなのではないでしょうか。

「あなたの重荷を主にゆだねよ　主はあなたを支えてくださる。」（詩編55編23節）……

第２部　21世紀のエステル会

21世紀のエステル会について

21世紀のエステル会は、金田佐久子さん、田鎖夕衣子さん、太田和歌子さんの三人が開設したメディカルカフェで、「がん哲学外来カフェ」においてもシンポジウムを開催するなど多大なご協力をいただいています。私も依頼され顧問として参加しており、「何事にも、時がある」と題したブログを配信しています。ブログは２０１８年8月10日の第1回から、今年は記念すべき１００回目を迎えました。第2部ではその１００回の中から選りすぐった記事をテーマ別にご紹介します。

なぜ「エステル」なのか？それはこの会の高邁な表明からお分かりいただけると思います。

「私たちはいつか病気になり、老いを迎え、やがて死に向き合う時が来ます。それを絶望の時と呼ぶ人は多いでしょう。けれども、人は病気（がん）になっても、「病人」になるのではありません。健康な時には気づかない大事な使命があるのです。人は必ず人生から期待されていることがあるはず。

「もしかすると、この時のためであるかもしれない。」（エステル記4章14節）

―21世紀のエステル会―

代表　金田佐久子（川口がん哲学カフェいずみ代表）
広報部長　田鎖夕衣子（がん哲学外来メディカルカフェひばりが丘代表）
企画部長　太田和歌子（がん哲学外来白鷺メディカルカフェ代表）
顧問　樋野興夫
WEBサイト　https://21esthermedicafe.wixsite.com/esther

第一章「この時のためであるかもしれない」

・第1回「21世紀のモルデカイ」との出会い（2018年8月10日）

「がん哲学学校」を260回も、毎週一回、休まずに書き続けた。驚きである。今回、新設「21世紀のエステル」のホームページで連載する機会が与えられた。

まさに、「もしかすると、この時のためであるかもしれない。」（エステル記4章14節）である。9月17日、市民公開シンポも予定されている。記念集『悠々たる大河 菅野晴夫先生 ～常に先を見ていたがん研究者～』が、有明がん研より送られて来た。筆者は「菅野晴夫先生を偲ぶ文集」のタイトルで寄稿した。

医師になり、癌研究会癌研究所の病理部に入った（1979年）。そこで当時、癌研究所所長であった菅野晴夫先生との、大いなる出会いに遭遇した。菅野晴夫先生にフィラデルフィアの"Fox Chase Cancer Center"のKnudson博士の下で「Scienceを学んでくるように」と留学（1989年）の機会が与えられた。まさに、「自分の身長が伸びた」留学体験であった。1991年に癌研実験病理部部長として帰国するようにと、指示を頂いた。2000年新渡戸稲造『武士道』発刊100周年シンポでの講演もして頂いた。菅野晴夫先生は「『人生』の本質の探究と『愛』の意味」を提示して下さった。菅野晴夫先生は、南原繁が東大総長時代の東大医学部の学生であり、菅野晴夫先生から南原繁の風貌、人となりを直接うかがうことが出来た。さらに、菅野晴夫先生の恩師である日本国の誇る病理学者、吉田富三との出会いに繋がった。菅野晴夫先生の下で2003年、吉田富三生誕100周年記念事業を行う機会が与えられた。こうして、必然的に「がん哲学＝生物学の法則＋人間学の法則」の提唱へと導かれた。筆者が会長を務めた第99回日本病理学会総会（2010年）において、菅野晴夫先生に特別企画「病理の百年を振り返って」をして頂いた。10年前に「がん哲学外来」開始した時、菅野晴夫先生に「『がん哲学外来』は、今後全国に広がるであろう。やり方はそれぞれの人に任せよ！」と言われたのが、走馬燈のように甦る。此が「俯瞰的な先見性」であろう。菅野晴夫先生の生涯は、《「動機の誠実さ」＆大局観のある「具眼の士」の種蒔き》であった。最近「モルデカイとエステル」が脳裏に浮かぶ。菅野晴夫先生は「21世紀のモルデカイ」であった様にも思える。

・第2回「動機の誠実さ」～「日ごとの糧」～（2018年8月13日）

日曜日の午後、「みんなで知ろう！ がんのこと 今年で5周年!! JCF2018 ジャパン キャンサー フォーラム」（国立がん研究センターに於いて）で、講演「がん哲学外来 ～ 大切な人が がんになったとき・・・生きる力を引き出す寄り添い方～」をする機会が与えられた。筆者は、「がん哲学＝生物学の法則＋人間学の法則」の理念を語った。クロージングセッションの前の時間帯でもあり、会場は多数の参加者であった。司会：橋本佐与子氏（毎日放送 報道記者）の配慮で、会場からは三重県からご両親と参加されていた小学生、病院の看護師、80歳の人など複数の多様性のある質問があり、会場は大いに盛り上がった。感激した。今後、三重県で小学生による「がん哲学外来カフェ」が、開催される予感がする。名古屋では、既に中学生が「がん哲学外来カフェ」を開設された良き実例がある。聴講されていた新聞記者の方が、今度名古屋に取材に行かれるようである。筆者は、wife と早目に会場に到着し、「精神腫瘍学」（大西秀樹先生：埼玉医科大学国際医療センター）、「がんゲノム医療」（間野博行先生：国立がん研究センター研究所）、「がんゲノム教育」（田村研治先生：国立がん研究センター中央病院）の講演を拝聴する時を得た。「純度の高い専門性と社会的包容力」を備えた自分の知識を越えた分野の講演であり、大局観のある講演であった。大いに勉強になった。本当に日進月歩の医療の学びの場である。終了後、参加されていた「池袋、東久留米、御茶ノ水、目白、春日部、流山」の各「がん哲学外来カフェ」の皆様、がん哲学外来ナース部会のスタッフと、wife と一緒に会場近くのジョナサンで夕食の一時をもった。「動機の誠実さ」が話題になった。本当に楽しい想い出に残る語らいの時であった。日曜日の午前中にさりげなく読んだ「求めなさい。そうすれば与えられます。捜しなさい。そうすれば見つかります。たたきなさい。そうすれば開かれます。だれであっても、求める者は受け、捜す者は見つけ出し、たたく者には開かれます。」（ルカの福音書第11章9～10節）を実感する、具体的に実践する場ともなった。まさに「日ごとの糧」。人生出会いの連続である。

・第25回「個別の中に普遍が宿る」～「子供にお土産」～（2018年1月20日）

東久留米市立神宝小学校の六年生の「がん教育」の授業に赴いた。生徒の大変熱心な姿勢には感激した。多数の、レベルの高い真摯な質問にも大いに感動した。早速、小瀬ますみ校長先生から「これからがん教育について、さらに前向きに取り組むことができそうです。――小学校段階では、知ること、興味関心をもつこと、繰り返し行って親しむことが大切だと思いました。これから彼らが成長していく中で、今日の授業をどこかで思い出してくれたら嬉しく思います。――子供たちにとっても、樋野先生のお姿を通して新しい世界、新しい職業を知ることができ、とても貴重な体験になったと思います。がん教育の枠を越え、キャリア教育の一環ともいえるかもしれません」と、心温まる、勇気づけられるコメントを頂いた。

終了後、第176回 南原繁研究会（学士会館に於いて）に向かった。自由発表：吉馴明子先生の「ICU リベラルアーツの心」での、「ICUの『対話的教育環境』」には、興味を持った。「会話的」と「対話的」の違い、「『国際教養』の定義」を静思する日々でもある。読書会：宮崎文彦先生の『著作集第4巻Ⅱ 第2章 キリスト教』は、大になる学びであった。「見えざる教会」VS「見える教会」の違いの学びは、現代の日本国には重要であろう。教会だけでなく、一般社会でも「集団主義・画一主義の弊害」は、何時の時代にも、起こる。加藤節先生が語られた「個別の中に普遍が宿る」は、教育の原点であろう。午前中は小学校六年生の授業であったが、まさに「子供にお土産」であろう。「南原繁」の基本精神は「配慮を具現化している群れ」であることの再確認となった。

・第26回　生きる力を引き出す～「もしかすると、この時のためであるかも

しれない」～（２０１８年１月27日）

第19回池袋がん哲学外来・帰宅中カフェに赴いた（Svenson 池袋サロンに於いて）。会場は多数の参加で個人面談もあり、また今年の始めでもあり、お汁粉を食べながら大変有意義な時であった。今春「池袋、御茶ノ水、新宿Svenson がん哲学外来カフェ」合同シンポジウム開催も、決定された。

川口がん哲学カフェ「いずみ」開所2周年記念講演会（西川口教会に於いて）に出席した。筆者は、講演《「生きる力を引き出す寄り添い方」～「『空っぽの器』メディカルカフェの力」～》の機会が与えられた。休憩後「がん患者、家族、遺族の立場から三名の体験談」が発表された。その後、質疑応答の時間が持たれた。大変勉強になった。会場では多くの参加者が、涙を流しながら聴講されていた。早速「映像無しの樋野先生のお話はとても新鮮でした」、「樋野先生、スライドなしでもとても楽しく、自然な笑いも誘いながら、大事なことをたくさん学ばせていただきありがとうございました」との勇気付けられるコメントを頂いた。

「21世紀のエステル会」のメンバーとの夕食会も、大いに盛り上がった。今年9月16日（敬老の日）、「21世紀のエステル会　1周年記念シンポジウム」が企画されている。乞うご期待である。まさに、「21世紀のエステル会」の原点、「もしかすると、この時のためであるかもしれない。」（エステル記4章14節）を痛感した記念講演会であった。

・第36回 映画『がんと生きる 言葉の処方箋』～「文科省選定」に決定～（2019年4月7日）

今週、ドキュメンタリー映画『がんと生きる 言葉の処方箋』が、「文科省選定」に決定されたとの知らせを受けた。驚きである。学校現場での「がん教育」に、映画活用される予感がする。4月13日（土）映画試写会：17時～（90分）、終了後ラジオ収録18時30分～は、「樋野先生、野澤・映画監督、映画に出演された方々を囲んでのラジオ収録となります。映画につきましては、"https://

gantetsueiga2018.amebaownd.com/"をご参照ください」と、さらに筆者の「定年退職記念講演の音声があります――」との連絡が来た。「新宿武蔵野館5月3日~9日・シネマスコーレ（名古屋）5月11日~25日」でロードショーとのことである。まさに「定年退職の年」の人生の、忘れ得ぬ記念事業ともなろう。

週末の土曜日に、《早稲田大学エクステンションセンター中野校 春学期講座「がんと生きる哲学 ~医師との対話を通して『がん』と生きる方法を考える~」》が開講される。受講者との輪読で、今回の箇所は教科書『がん哲学』（EDITEX発行）の20ページからの「クローン時代を迎えて」である。「対話、寄り添う方法の修錬の場」とパンフレットには謳われている。その後は「がん哲学外来 丘上のカフェ・シャローム ２０１９年5月開設記念会 特別講演会「個性を引き出す ~がん哲学のエッセンス~」（同仁キリスト教会に於いて、文京区目白台）に赴く。

・第45回　母の逝去～何故に、何の為に、この世に、この地で、生まれたのか～（2019年6月10日）

筆者の母（樋野壽子）が、６月３日午前５時35分、島根県出雲市大社町鵜峠の自宅に於いて、安らかに96歳（１９２３年２月20日～２０１９年６月３日）の天寿を全うした。筆者は、wifeと子供らと羽田空港から出雲空港に向かい、出雲空港でレンタカーを借りて帰郷し、６月４日５：００ＰＭからの実家での通夜、６月５日、出雲市での火葬、葬儀に臨んだ。葬儀では、筆者は喪主として、「天寿を全うし、地上の長い旅路を歩み、様々の責任を全うし、召された母に深い敬意を払います」と挨拶をした。筆者は、葬儀の翌日の早朝、人口約40名、60％の空き家の鵜峠の海辺で日本海を眺め、亡き母との65年間の想い出、「何故に、この母からこの世に、生まれたのか？」、「何の為に、この地で、生まれたのか？」を深く静思した。本当に、人生不思議である。

「いのちのことばをしっかり握って、彼らの間で世の光として輝くためです。そうすれば、私は、自分の努力したことがむだではなく、苦労したこともむだでなかったことを――」（ピリピ人への手紙2章16節）が、鮮明に蘇った母の逝去であった。

・第64回　温かく迎え入れる～小さなことに、大きな愛をこめて～（2019年10月19日）

筆者の定年退職記念講演の論文"Hereditary & Environmental Cancer～Asbestos・Mesothelioma Clinic & Cancer Philosophy Clinic～"が掲載された。

"http://library.med.juntendo.ac.jp/infolib/user_contents/kiyo/65-4_flipper/html5.html#page=1"「遺伝性がん、環境がん、がん哲学クリニック」について記述している。

文京区立湯島小学校六年生の「がん教育」の授業に赴いた。二人に一人ががんになる時代を迎え、文部科学省は「新学習指導要領に『がん教育』を明記し、２０２１年度から中学校、高校での授業を本格化させる」とのことである。

「がん教育　～人は、がんとともにどのように生きていくのか～」
（１）病気になったとき、人はどのように感じ、何を考えますか？
（２）家族は、どのように患者さんを支えることができますか？
（３）周りの人は、どのように患者さんを支えることができますか？
（４）人の支えは、患者さんにどのような効果をもたらしますか？

母を亡くして悩んでいるクララに対して、勝海舟の奥さん（たみ）の言葉：「悲しい時には私達の所へいらっしゃい、一緒に泣きましょう、そしてあなたが仕合せな時には一緒に笑いましょう。さあ勇気をお出しなさい、――これから先の長い年月のことは考えず、今日という日以外には日がないと思ってただ毎日をお過ごしなさい」は、「訪れる人を温かく迎え入れる」原点でもあろうと、また、「涙とともにパンを食べた者でなければ人生の味は分からない」（ゲーテ）、「がん哲学外来～小さなことに、大きな愛をこめて～」、さらに、「がんに限らず、大きな病気になっても自分らしさを失わないこと。自分らしく 生きていくことが大切である」と語った。

「今日学んだ、がんについての正しい知識をこれからの自分の生き方に、いかしていきましょう！」を最後に述べた。多数の質問もあり、大いに感動した。まさに「人生を変える言葉の処方箋」の実感の時ともなった。

・第72回「ヨブ記」～「がん哲学外来の対話学」の原点～（2019年12月15日）

「第66回がん哲学外来メディカルカフェ@よどばし」に赴いた。多くの参加者であった。2014年7月6日から毎月一回開催されている。来年は六年目となる。新刊『教会でもがん哲学外来を始めよう』の120ページに、「がん哲学外来メディカルカフェ@よどばし」の紹介が記載されている。「で」と「でも」の違いは、大切なポイントであろう！

今回は、「赤鼻のトナカイ」の大合唱で始まった。大いに感激した。「赤鼻のトナカイ」は、「いつもは皆の笑いもの」、「サンタは、トナカイの個性を引き出して役割を与え、トナカイは、大変喜んだ」、「個性を引き出す人に出会う」、「本物の人間は個性を引き出す：人生邂逅の秘訣」、「自分の役割使命が与えられると喜ぶ」を語った。「樋野動物園」も紹介した。「人間は 個性と多様性〜相手を批難したり評価したりしてはならない」、「存在自体に価値がある」、「解消する人物になる」である。旧約聖書「ヨブ記」には、「がん哲学外来の対話学」の原点があろう。「ヨブ」が病気になった時に三人がお見舞いに来た。

（1）三人が「ヨブ」にどう言ったか？

（2）「ヨブ」は どう反応したのか？

（3）元気な時に言う言葉を、苦しんでいる時に同じ言葉を言われた時どう受け取るか？

（4）何を言った時に相手が嫌になったのか？

（5）健康な時には会いたい友達がいても、病気になったらその友達に会いたくなくなる人がいる。どうしてか？

「365日の紙飛行機」の熱唱で、終了した。その距離を競うより「どう飛んだのか？」」、「どこを飛んだのか？」」、まさに、2019年の静思の時ともなった。

・第87回　いかなる状況でも、勇気づけてくれる存在～「一喜一憂せず、『綽々たる余裕』」～（2020年3月28日）

「文部科学省選定」と「厚生労働省推薦」を頂いたドキュメンタリー映画『がんと生きる　言葉の処方箋』の「横浜シネマジャック&ベティ」での上映会の舞台挨拶に赴いた。

入場前、映画館の前の路上で、現在横浜在住の90歳の叔母様と二人の娘様さんに面会した。私が京都の浪人時代に大変お世話になったご家族である。今回、再会出来て大変嬉しかった。映画館内では複数の質問もあった。上映終了後、参観者の三人とカフェの時を持った。また翌日、映画を観られた方から「とても心地よい気持ちで映画を観終えることが出来ました。―メディアやSNSによって歪められた虚構の世界ではなく、人間とは思いやりがあり利他的な振る舞いをする世界こそがリアルな現実であることを、改めて気づかされたからでもあります」、「いつ収束するとも知れないコロナ禍によるジリジリとした不安から、人々に対する警戒や疑心暗鬼な対応を余儀なくされている毎日を過ごす中で、本作を鑑賞している時間は 見失っていた当たり前の人々の優しさや温かさに満ちた時間だったようにも思います」、「樋野先生がとりあげる名言の数々は共感するものばかりですが、その中でも内村鑑三先生の『勇ましい高尚な生涯』との言葉に惹かれます」などなどの心温まるコメントを頂いた。本当に有意義な時であった。

「コロナショックで、行事予定が中止や延期なったので読書の時間が、それに比して増えました」とのコメントも頂いた。筆者は「勝海舟なら、今の現状を何と語りますか?」との質問も出した。筆者も、久しぶりに 勝海舟語録『氷川清話』を拝読した。今回の最大の学びは、「世間の騒擾に一喜一憂せず、「綽々たる余裕」であろうか！『クリスチャンプレス』からは「先生にインタビューさせていただいた新型コロナウイルスの記事はとてもよく読まれていて、2～3月にかけてのベスト1記事でした！」との驚きのメールを頂いた。

筆者は、本来なら博士課程の大学院生160人受講の授業「がん学（Basic）：がん、発がん、病理学」のビデオ収録（90分）を教室で一人で行なった。まさに「無観客試合」であった。それに先立って、応援のメッセージを「パンダ＆ゴリラ」から頂いた。いかなる状況でも勇気づけてくれる存在は、本当に励ましとなる。涙なくして語れない！これが、「自粛ムード」の今回の大きな学びではなかろうか！

・第98回　心で聞いて心にしみる～今を大切に生きる～（2020年6月14日）

筆者が、委員長を務める第84回「アスベスト中皮腫外来 推進委員会」に出席した。毎週木曜日順天堂大学の呼吸器外科外来で、2005年8月から継続され、合計7000人以上の初診&再診である。中皮腫の発症前診断、早期発見も見つかり、地道な大切な活動であると感ずる。筆者は、若き日から「先楽後憂」でなく「先憂後楽」が「研究者」の務めであると教わったものである。

兵庫県加古川での講演に赴いた。コロナの時代、新幹線は「ガラガラ症候群」であった。聴講者の真摯な態度と、多数の質問には大いに感激した。「今、ツイッターのフォロワーさんの写真を発見しました」と、新幹線で帰京中に「目白がん哲学外来」森尚子代表から送られてきた。全国の皆様が、いろいろな形で繋がっておられることを実感する日々である。

筆者はまた、今月、特別支援学校から「がん教育」の講演を依頼された。
対象：知的障害だけでなく、精神疾患の生徒
内容：「がん専門医としての知識や御経験を生かして、がんに関する医学的に

正しい知識や、予防・早期発見のための注意点等を具体的にお話しください。

―生徒たちが、今どのような生活が大切なのかをお話しください。―今を大切に生きることを伝えていただけるとありがたいです」とのことである！

早速、「特別支援学級での「がん教育」は、未来のリスクより、今ここでホッと安心できる樋野先生のお声とお話が一番効果的だと思います」、「いつもと同じ、チャウチャウ犬と象さんのお話で十分伝わると思います！」、「先生のお話は心で聞いて心にしみるので――」などなどの温かい励ましのメッセージを頂いた。

涙なくしては語れない！

第二章　教会でも「がん哲学外来」

・第6回「一人の人間のぶれぬ存在」～〝to do〟の前に〝to be〟～（2018年9月9日）

「第13回がん哲学外来　メディカルカフェ.in　荻窪　～カフェ開設一周年記念　特別講演会～」（荻窪栄光教会に於いて）に招待された。筆者は、講演「がん哲学外来の眼差し～存在自体が周囲を明るくする～」の機会が与えられた。「一個の塩基と一個の細胞」＆「一人の人間と地球」の関係性を生命現象から具象的に語った。また"Quality of Death"をカント（1724～1804）・勝海舟（1823～1899）・内村鑑三の娘：ルツ子（1894～1912）の臨終の言葉から語った。会場は多数の参加者であった。講演後は、別室で5組の個人面談を行った。大変充実した、貴重な一日となった。中島秀一先生の企画力には、ただただ感服した。まさに「一人の人間のぶれぬ存在」が、周囲のスタッフの大きな愛情を生み、物事が成就するものであることの学びの時でもあった。「何かをなす〝to do〟の前に何かである〝to be〟ということをまず考えよということが（新渡戸稲造）先生の一番大事な教えであった」（南原繁）が鮮明に甦った。

・第9回　時代は自分の思いを超えて緩やかに流れる～「深い思考と行動力」の原点～（2018年10月2日）

先週末、日本癌学会『長與又郎賞』授賞講演の機会が与えられた《大阪国際会議場に於いて》。「広範ながん研究」が、受賞理由のようである。驚きである。この度、茗荷谷キリスト教会での秋の特別講演「いつか誰かの為に～利他的な幸せを求めることで人生に輝く～」に招かれた。「利己的なHappy VS 利他的なJoyful」の違いを静思する時ではなかろうか！　まさに「21世紀のエステル」の歴史的出番でもあろう。時代は「自分の思いを超えて緩やかに流れる」ことを実感する今日この頃である。「深い思考と行動力」の原点である。

・第11回「人間学と生物学の葛藤」～楕円形の心～（2018年10月14日）

土曜日、早稲田大学エクステンションセンター（中野校に於いて）での講座「がんと生きる哲学～医師との対話を通して『がん』と生きる方法を考える～」に赴いた。「がん哲学」の「人間学と生物学の葛藤」（104～105ページ）と「日本国の劣化とがん化」（EDITEX 発行 106～107ページ）を朗読しながら授業を行った。受講者の熱心な眼差しと真摯な質問には、大いに感動した。

午後、「がん哲学外来 特別講演会『すべてに、時がある～個性を引き出す～』」（経堂めぐみ教会に於いて）に向かった。wife と出席した。経堂めぐみ教会は何年ぶりかの訪問で、大変懐かしく思った。今後、「がん哲学外来カフェ」が定期的に開設されるとのことである。その後、筆者は上野恩賜公園での『リレー・フォー・ライフ・ジャパン2018 東京上野』で「対談・講演・カフェ」の機会が与えられた。まさに「3連ちゃん症候群」の充実した土曜日であった。

日曜日は三鷹教会に於いて、「公開講演会『がん哲学外来～楕円形の心～』」、午前：メッセージ、昼食後、講演である。今度、広く全国の教会で「がん哲学外来カフェ」が展開される時代の到来を予感する、今日この頃でもある。

・第14回　生きる力を引き出す寄り添い方～扉の前に引っ張りだされた～（2018年11月4日）

上尾キリスト教会で、講演「メディカルカフェ（がん哲学外来）～大切な人ががんになった時　生きる力を引き出す寄り添い方～」の機会が与えられた。多数の参加者であった。「昨日は、ありがとうございました。先生から沢山のことを教えていただき、今後の活動に生かしていきたいと思います。―『上尾がん哲学外来カフェ』を、開設できればと願っています」、「昨日は大変学び深い、かつ刺激的なひと時をありがとうございました。また、『偉大なるお節介症候群認定証』、身に余る光栄、謹んでお受け致しますと共に、―　扉の前に引っ張りだされた所である事を思いつつ、いくつかのカフェに見学に行こうと思います。講演の後、緩和ケア看護師の彼女と―そんな話をしました」など、心温まる勇気付けられるコメントを頂いた。本当に有意義な一時であった。

「がん哲学外来　さいわいカフェ　ｉｎ　茨城・筑西・・・一周年記念特別講演会～大切な人ががんになったとき・・・生きる力を引き出す寄り添い方～」（茨城県県西生涯学習センターに於いて）で講演である。まさに、「教育」でもあろう。

・第15回　鳥取教会での講演～「あなたはそこにいるだけで価値ある存在」～（２０１８年11月12日）

前日の第1回「日本メディカルヴィレッジ学会・生涯活躍のまち」共催シンポジウム（奄美群島伊仙町長　大久保 明大会会長）（徳之島に於いて）での基調講演を終え、11月11日（日）は、徳之島―鹿児島―羽田―鳥取―羽田と密な飛行機での旅の一日となった。日本基督教団 鳥取教会で講演「あなたはそこにいるだけで価値ある存在」の機会が与えられた。講演後質疑応答も多数有り、大変充実した有意義な時であった。講演を終え、湖山教会牧師森嶋道先生に車で鳥取空港へ送って頂いた。今度、鳥取県看護協会の「がん哲学外来カフェ」に次いで鳥取教会でも開設される予感がする。

・**第16回「人生 想い出創り〜人間の寿命〜」（2018年11月18日）**

定例の「がん哲学外来 メディカルカフェ@よどばし」（淀橋教会に於いて）に赴いた。週末は、「がん哲学外来 第78回お茶の水 メディカル・カフェ in OCC」に参加した。ともに多数の参加者があり、また個人面談もあり、大変充実した時であった。日曜日の午後は『がん哲学外来 メディカルカフェ @川越 to be café 4周年記念講演「人生想い出創り 〜対話の推進〜」（霞ケ関キリスト教会に於いて）である。

最近は、講演会では「アダムは全部で九百三十年生きた。」（創世記5章5節）、「それで人の齢は、百二十年にしよう」（創世記6章3節）、「ノアの一生は九百五十年であった。」（創世記9章29節）、「アブラハムの一生の年で、百七十五年であった。」（創世記25章7節）、「モーセが死んだときは百二十歳であったが、彼の目はかすまず、気力も衰えていなかった。」（申命記34章7節）とニューモア的に語ることにしている。まさに、自分に残された時間、「愛を追い求め」（コリント人への手紙第一14章1節）。「往路を行く」日々である。

・第21回「愛を追い求めなさい～学んだ事を語り伝える～」（2018年12月22日）

会津若松教会（八重樫牧師）にwifeと招かれた。午前中の礼拝「愛を追い求めなさい」（コリント人への手紙第一14章1節）、午後の講演「がん哲学～学んだ事を語り伝える～」の機会が与えられた。前夜に会津若松駅に到着し、駅近くのホテルに宿泊した。早朝に、wifeと街を散策した。会津西山温泉の旅館「中の湯」の女将さんに、ホテルに迎えに来て頂いた。今は亡き妹さんは、ご主人と一緒に東京での「がん哲学外来カフェ」に毎回のように参加されていた。最後にお逢いしたのは、上野公園リレー・フォー・ライフであった。涙なくして語れない！　昼食の後、千円札の野口英世（1876〜1928）の「青春広場」を見学した。今回の会津若松訪問は、学び多き、人生の忘れ得ぬ想い出となろう。

・第23回「輝く夢」〜「サザエさん一家」と「夢をかなえて ドラえもん」に学ぶ〜（2019年1月8日）

筆者の2019年の幕開けは、ボストンからの帰国の飛行機の中で聴いた、「サザエさん一家」と「夢をかなえて ドラえもん」の二曲である。まさに、「あなたがたは、世界の光です。─あなたがたの光を人々の前で輝かせ─」（マタイの福音書5章14節、16節）であり、共通項は、「輝く夢」を持って、「種を蒔く人になりなさい」ではなかろうか！「感銘を与えるには？」の解答でもあろう。

2019年1月12日、聖書キリスト教会我孫子での午前の礼拝で、「種を蒔く人になりなさい」」、午後は、講演「楕円形のこころ ～個性を引き出す～」を依頼された。２０１９年1月26日は西川口教会で、《川口がん哲学外来カフェ「いずみ」開所2周年記念講演会「生きる力を引き出す寄り添い方～『空っぽの器』メディカルカフェの力～」》が企画されている。乞うご期待である！

・第37回「対話、寄り添う方法の修錬の場」～自分で何かをやろうとし始める～（2019年4月16日）

週末の土曜日は、5回シリーズ《早稲田大学エクステンションセンター中野校春学期講座「がんと生きる哲学～医師との対話を通して『がん』と生きる方法を考える～」》の、第二回目の講座である。受講者との輪読で今回の箇所は、教科書『がん哲学』（EDITEX 発行）の24ページからの「がん化を左右する境遇 ～環境が大きく作用～」である。「対話、寄り添う方法の修錬の場」とパンフレットには謳われている。本当に貴重な、充実した楽しい学びの場でもある。

『クリスチャン新聞　福音版』（２０１９年５月１日発行）が送られて来た。一ページ全体の大きな記事である。「がんという問題は『解決』はしないけど、『解消』はできる」、「自分はいるだけで価値ある存在なのだと気付くと、患者は自分で何かをやろうとし始める」と記載されている。また、『百万人の福音』（いのちのことば社発行）の5月号の54ページに、映画『がんと生きる言葉の処方箋』の紹介が出ているとのこと。以前対談した『異邦人』久保田早紀（久米小百合）さんの記事の後のページのようだ。不思議な時代の流れである。成増教会で、「がん哲学外来メディカルカフェ＠成増」が開催される。

・第63回　「人生を変える 言葉の処方箋」～向こうから近づいて来る～
（２０１９年10月13日）

「第8回　軽井沢　がん哲学外来カフェ」（軽井沢南教会に於いて）に赴いた。先日のクルーズにも参加されていた御二人に「偉大なるお節介症候群」認定証を授与した。筆者は、別室で個人面談を行う機会も与えられた。講演では、軽井沢と縁のある「内村鑑三・新渡戸稲造」について語った。思えば、筆者の若き日の読書遍歴は、「内村鑑三・新渡戸稲造・南原繁・矢内原忠雄」であった。内村鑑三は「成功の秘訣」十箇条の中で、人生の目的は「品性を完成するに在り」と言っている。まさに、「患難が忍耐を生み出し、忍耐が練られた品性を生み出し、練られた品性が希望を生み出す」（ローマ人への手紙5章3～4節）である。内村鑑三はまた、誰もが後世に残すことができる最大の遺物は「勇ましい高尚な生涯」であるとも述べている。「時代を動かすリーダーの清々しい胆力」としての「人間の知恵と洞察とともに、自由にして勇気ある行動」（南原繁著の「新渡戸稲造先生」より）の大いなる復習の時にもなった。さらに、筆者が学んで来た「夢＝ビジョンは、持ち続けると向こうから近づいて来る」についても伝達した。

２０１９年10月19日開催される「第２回日本メディカルヴィレッジ学会」（小

諸市文化センターに於いて）を担当される小諸の市役所の方も参加されていた。「メディカルヴィレッジ学会」の紹介記事「がんとの共生　小諸で考える」が掲載されている『信濃毎日新聞』（2019年10月4日付）を頂いた。早速、「今日も樋野先生節に受講された方々は感謝と感動の時を満喫されました」、「今日は軽井沢南教会カフェありがとうございました。昨日まで船の旅をされて来られ今日は軽井沢、本当にお疲れ様でした。新刊本今月下旬の発売とお聞きしましたので手に入れたいと思います」等々の心温まる励ましのコメントを頂いた。軽井沢駅まで送って頂いた車の中で話題になった、昨年オープンされた広い軽井沢の書店の中で、いつか『日めくり〜人生を変える　言葉の処方箋〜』の出版記念講演会が企画される予感がした。冗談が本当に実現したら歴史的大事業ともなろう。まさに「清々しい胆力」である。心豊かになる「軽井沢の旅」となった。

第三章　遣わされる喜び

・第8回「因幡の白兎」の物語の現代的意義～「医師の心得」～（2018年9月22日）

島根大学医学部三年生の講義「病理学」をする機会が与えられた。出雲であるので、古事記に出てくる「因幡の白兎（いなばのしろうさぎ）」の物語の現代的意義「医師の心得」にも触れた。「大変勉強になりました。ユーモアにあふれた先生の授業のような講義は初めてでした。医学知識だけでなく、ニューモアや人と心を学び、自分の世界をより豊かにしていきたいと思いました」、「チャウチャウ犬のような医師になりたいと思った」、「樋野先生のような素晴らしい医療人になるためには医学知識はもちろん、幅広く様々なことに興味を持って学ばなければならないと感じました。アルプスの少女ハイジを観ようと思います」、「勉強をしっかりがんばって一人前の医者になりたいと思います」、「病理の授業では聞けないお話を聞いて、とても心に残りました」、「医師としてではなく、人としての根幹の部分を色々思いださせて、また教えて頂きました ― 色々な角度から病理とがんについてお話していただきとても有意義な講義でした」等々、多数の感動的なコメント頂いた。授業終了後、教授、数名の学生さんと楽しい夕食の時をもった。

実家に（人口約30名の鵜峠）一泊して、帰京した。今回は「日が沈む聖地 出雲」が鮮明に甦った。本当に、忘れ得ぬ想い出の帰郷となった。

・第22回　第2回日本地域医療連携システム学会～「明確―具体的―綿密」～（2019年1月2日）

第2回日本地域医療連携システム学会（大会長：上田哲郎 ゆりのきクリニック院長）に出席した（東京女子医科大学八千代医療センターに於いて）。大変充実した学会であった。筆者は日本地域医療連携システム学会理事長として、特別講演「地域医療連携の構築 ～隙間を埋める～」の機会が与えられた。

早速、「私としても勉強する領域が広がりました。勉強するチャンスをいただき感謝申し上げます」、「各職種の皆さんの現状と思いを知ることができて大変勉強になりました」、「改めて樋野先生のおはなしをうかがい元気をいただきました」、「『日本地域医療システム学会』とても感動的でした」、「一人暮らしで認知症になっても末期がんでも最期まで自宅で暮らせることが確信になる学会でした。勇気をいただきました。まさに多職種連携ですね」等々の心温まるコメントを多数頂いた。大会長である上田哲郎先生ご夫妻の「明確な目的」―「具体的な目標」―「綿密な計画」には大いに感服した。

第3回は、内田眞澄 鳥取県看護協会会長、第4回は、那須保友 岡山大学大学院医歯薬学総合研究科研究科長 泌尿器病態学教授に決定されている。まさに、「少しだけ蒔く者は、少しだけ刈り取り、豊かに蒔く者は、豊かに刈り取ります。」（コリント人への手紙第二9章6節）が脳に染みこんで来る、今日この頃である。

・第46回　気にしないで、ほっとけの精神 ～接遇向上をめざして～（2019年6月15日）

筆者は、大阪での映画上映（第七藝術劇場：大阪市淀川区に於いて）のトークショーに赴いた。「素晴らしい映画とトークを有難う御座いました」、「先生、いつもにも増して 素敵でした」、「言葉の処方箋は私にも効き目がありました」、「映画を見られた上に先生にお目にかかれて、こんなに幸せなことはございません。本当にお目にかかれて嬉しかったです。先生の言葉にどれだけ救われたか分かりません。家内も先生の言葉をいつも口ずさんで、私に語りかけてくれます。夫婦で救われております。お陰で少しずつ気にしないで、ほっとけの精神で過ごしております」、「是非、患者会でお話しいただきたいと考えております」と、温かい、励まされる多数のコメントを頂いた。

大阪国際がんセンターで、「接遇研修：ことばの処方箋 ～がん医療に従事する職員の接遇向上をめざして～」の講演を依頼された。これも、今回の映画『がんと生きる 言葉の処方箋』効果ではなかろうか！ 今回の新幹線の中では、「アンデルセン」、「ベートーヴェン」、「アン・サリヴァン」の共通項「『土の器』の中に『宝』を持っていた」についての学びの時でもあった。

・第50回「地域医療のモデル in 鵜鷺 Medical Village」の時代に向けて（2019年7月15日）

筆者の故郷、島根県出雲市出雲大社鵜峠での姉、姉夫婦、従兄弟姉妹と亡き母の「四十九日」の夕食会に帰郷した。一生懸命に企画した姉の配慮には、ただただ感謝である。

翌日は、島根大学医学科看護学科の一年生の講義「医療倫理・プロフェッショナリズム」に赴いた。企画された並河 徹先生（島根大学医学部病態病理学

講座　教授・医学部長）は、島根大学研究・学術情報機構／地域包括ケア教育研究センターも兼任されている。下記の宿題も出された。並河　徹先生の度量と胆力には大いに感服した。真摯な学生の態度にも、大いに感動した。

☆「犬のおまわりさん」の現代的意義をのべよ！
↓困っている人と一緒に困ってくれる人
↓何の解決もしないが、一緒に困ってくれる人がいることで慰められる
☆「ドラえもん」の現代的意義をのべよ！
↓「靴を履いてでかけよう。大丈夫。一人じゃない。ぼくがいるから・・・」
↓どんな境遇に関らず、靴を履いて外に出ると何か（出会い）が与えられる
☆「アルプスの少女ハイジ」の現代的意義をのべよ！
↓喜んで無邪気に小さなことに大きな愛を込めている
☆「サザエさん」の現代的意義をのべよ！

↓何かがやりたいという人（ファシリテーター）がいる時に、手伝ってくれる人（コーディネーター）がいる。

↓司会でテーマを伝えるのはファシリテーター（サザエさん）。

皆と一緒に仲良く「場」をつくるのがコーディネーター（サザエさんのお母さんとお父さん）。

↓共通項は、ビジョンがあるということ。

↓ビジョンが明確であれば人はついてくる（手伝ってくれる）。


講義後、医学部長室で、心温まる秘書のおもてなしで、御茶を飲みながら、「鵜鷺 Medical Village」構想の運営委員会の立ち上げで、話が盛り上がった。「医療維新 in 地域医療のモデル」、「がん教育・がんゲノム医療 in 鵜鷺 Medical Village」は、時代的要請であり、全国で展開されている文部科学省事業／多様な新ニーズに対応する「がん専門医療法人（がんプロフェッショナル）」

養成プランの重要な課題ともなろう。定年退職後、名誉教授・客員教授として順天堂大学医学部六年生の講義「がん遺伝子・がん抑制遺伝子」を担当した。授業の終わりには、医師の二つの使命「(1)『学問的、科学的な責任』で、病気を診断・治療する — 学者的な面(2)『人間的な責任』で、手をさしのべる — 患者と温かい人間としての関係」を語った。「教育とは、全てのものを忘れた後に残るものである。」を実感する日々である。

・第68回 ACP(人生会議)～'最期' そして '自分らしい生き方' ～
(2019年11月16日)

第2回東久留米がんセミナー(主催：鮎川地域共生コミュニティ研究所、後援：東久留米市 社会福祉協議会、会場：明治薬科大学 東久留米サテライトキャンパス)に赴いた。「ACP(人生会議)ってご存知ですか?『人生会議』の普及に先立ち、人生最終段階における医療・ケアに関して現場の今を知り、一緒に考えてみませんか？」」、「ご自身やご家族が、これから医療や介護が必要になった時、どこでどのように暮らしたいか？　平成28年度、他区の調査で高齢者の３割が『最期は自宅で過ごしたい』と答えています。しかし、『最期は自宅で・・・』と考える人の４割は『実際に在宅療養を実現することは難しいと思う』と感じています。今回のセミナーでは大切な人やご自身の‚最期‘そして‚自分らしい生き方‘これからのシニアライフを一緒に考える初めの一歩になるといいと思っていま す。」と謳われていた。筆者は、「日本の医療維新」について語った。在宅医療福祉関係者、市民の多数の参加者で満席であった。スタッフとの夕食会も本当に大いに盛り上がった。

名古屋市立西部医療センターでの「倫理講演会」で講演「がん患者との向き合い方について」の機会が与えられた。多数の参加者で質問もあり本当に充実した時であった。講演会の前、ユーモア溢れる「シャチホコ記念」の代表：彦田かな子氏が温かい・楽しい「西部医療センター前カフェ」を企画して下さった。

三重県、岐阜県からも参加され本当に感動した。

・第83回「時代の預言者」~思いでの人~（2020年3月1日）

映画館「ユジク阿佐ヶ谷」でのドキュメンタリー映画『がんと生きる言葉の処方箋』の上映会に赴いた。多数の参加者で、映画館は満席であった。終了後、荻窪栄光教会の牧師、スタッフ皆様とレストランで、有意義な昼食会の時を持った。「停滞しているわが国のキリスト教会にとって、先生の存在はまさに『預言者』です。牧師ではなく、『牧師のスーパーバイザー』的な存在です。『がんカフェ』は、きっと日本の教会が暗闇から抜け出す突破口となることを信じて、期待しています」、「エレミヤ、エゼキエル書を見てきました。その中に、その時代に神のビジョンを見せて頂き、恐れずに神の言葉を忠実に語り続ける預言者の姿に感動しつつ分かち合っています。エレミヤ、エゼキエルの信仰の姿の中に、樋野興夫先生の働きが重なりました。樋野先生は 現代の預言者として主に用いられておられると心底信じる今日この頃です」、「先生は今、牧師の牧師、『時代の預言者』として立てられています」などなど身に余る、励ましの言葉を頂いた。涙なくして語れない！

常盤台バプテスト教会の牧師：友納靖史先生から、『長谷川町子全集32』（123〜126ページ）のサザエさん「思いでの人 〜矢内原忠雄先生〜」が、送られてきた。今回は南原繁の長男で、今は亡き南原実氏（翻訳ペンネーム青樹築一）のレイチェル・カーソンの『沈黙の春』の最終章17章「べつの道」と「未来を見る目を失い、現実に先んずるすべてを忘れた人間。そのゆきつく先は、自然の破壊だ」（アルベルト・シュヴァイツァー）の言葉、さらに『長谷川町子全集32』（123〜126ページ）のサザエさんの「思いでの人 〜矢内原忠雄先生〜」の貴重な学びの時となった。また偶然にも、筆者が癌研時代の連載「内なる敵」（いのちのことば社　発行1992年）が送られてきた。30年前の思いが鮮明に蘇ってきた。

・第85回「美容哲学」～風貌を診て心まで診る「がん哲学」との「懸け橋」～
（2020年3月16日）

第69回「がん哲学外来メディカルカフェ＠よどばし」に赴いた。はじめに、恒例の『365日の紙飛行機』を皆様と大熱唱した。「人生は、紙飛行機 愛を乗せて」、「人生は、紙飛行機 願いを乗せて」を、実感する日々である。「様々な情報が飛び交う中、本物を見極めるためには、どんなふうに自分を訓練すればいいでしょうか？」、「人生から期待される生き方をするため具体的に何から始めたら良いか？」などなどの 貴重な質問を頂いた。筆者はさりげなく、下記を語った。

（1）30分間の沈黙に、お互いが苦痛にならない存在となる。対話学の訓練。
（2）大切な物（宝）は、町の中（日常生活の中）にある。
（3）純度の高い専門性と社会的包容力。異文化、専門分野以外の人たちとの交流が必要。

（４）衣食住の為と生きがいのためにダブルメジャーで生きる。
（５）尺取虫運動で生きる。階段を上るように成長。
また、出版者の方との面談では、「今年『聖書とがん』を連載し、来年には単行本化を目指しましょう！」との話で大いに盛り上がった。学校教育関係の方とは、新規の「美容哲学」の確立で、目標が定まった。「美容哲学」は、「風貌を診て 心まで」診る「がん哲学」との「懸け橋」となる予感がする。終了後、筆者はＪＲ中央線に乗って東京女子大の理事会に向かった。

・第86回「色々な情報が飛び交う今、本物を見分ける方法」～優先順位をつけられる人物との出会い～（2020年3月20日）

先週の第69回「がん哲学外来メディカルカフェ＠よどばし」で、参加者から多数の質問を頂いた。

（質問１）「色々な情報が飛び交う 今、本物を見分ける方法」

→「曖昧なことは 曖昧に答えるのが科学的である」。グレーゾーンは、愛をもって「分かりません」という。悩みが解消する。無頓着になる。気にならなくなる。

（質問2）「本物」とは？

→正常細胞とがん細胞の本物を見極める。本物を見ていると色んなものが分かるようになる。自分の尊敬する人物に本物を教えてもらう。「出会い」によって本物を見極める。純度の高い専門性の人から本物を学べる。自分の尊敬する人物に出会うと、学べる。「何を言ったかではなく、誰が言ったか」。

（質問3）「人生から期待される生き方のために 何から 始めたら良いか？」

→「人生に期待する」と、夢はすぐに逃げていく。「人生から期待される」と、いつか夢は向こうから近づいてくる。存在自体に価値がある。

「役割・使命に気づく」＝「人生から期待される」

（質問4）「樋野動物園」

↓個性と多様性。相手を認める人物になる。人と比較・競争をしなくなる。人を評価したり、非難したりしたらダメ。

（質問5）「アダムとイブ」

↓なぜ蛇の誘惑に負けたのか？　なぜエデンの園を追放されたのか？　トランスフォームして「がん化」したものが永遠に生きないように。言葉に付加と削除をしたから「がん化」。弁解じみたことを言うと誘惑に負ける。〝YES〟か〝NO〟で答えれば人は去っていく。

（質問6）「悩んでいる時に慰めてくれる人がいるかどうか」

↓新島襄の下には内村鑑三、新渡戸稲造がいた。内村鑑三、新渡戸稲造を恩師とするのが、南原繁、矢内原忠雄。「勝海舟が新島襄に何と言ったのか?」。新島襄は、鬱的になった内村鑑三をフィラデルフィアで慰めた。そして内村鑑三はアマースト大学に入り、その後日本に帰った。新島襄に「内村鑑三を慰めてほしい」と言ったのは新渡戸稲造。内村鑑三と新渡戸稲造は札幌農学校の同級生。昔も今も、悩んでいる時に誰か慰めてくれる人がいるかどうか? 仲介してくれる友達がいるかどうか。新島襄は日本を密航したが、江戸幕府が滅んで明治政府が立って、岩倉具視の使節団の通訳者として採用され、留学生として日本に帰ってきた。背中を押されているようになると、人から認められなくても時代が変われば時代が認める。そのモデルが新島襄。

（質問7）「純度の高い専門性と社会的包容力」

↓ 異文化（専門分野）以外の専門の人たちとの交流が必要。優先順位をつけられる人物が本物。「これしかない」と言える人が、純度の高い専門性。「あれもこれも」は、70％レベルの専門知識で、純度は高くない。

（質問８）「衣食住の為と生きがいの為の　ダブルメジャーで生きる」
↓何かが起こった時に心構えが出来る。

（質問９）「元気な時の自分が最高と思わない」
↓病気は周りの人間を成長させる。「病気になっても人のためにやることがある」。「病床にも　知恵ある」（新渡戸稲造）。

（質問10）「サマリアの女」
↓「人を避けてきたのに、イエスに会って、帰るときには人のために何かやる」。状況は何も変わってないのに、「本物の人物との出会い」によって変化出来る。「もしかするとこの時のため」。本当に、充実した、学びの時であった。日々勉強である。まさに「間断なき努力は進歩の要件」（新渡戸稲造）の実践である。

・第90回　夕刊『毎日新聞』記事「コロナ疲れへの処方箋」～「試練は力を賦与する」～（2020年4月18日）

2020年4月13日『毎日新聞』夕刊『見上げてごらん：コロナ疲れへの処方箋』＝永山悦子」

「新型コロナウイルスの感染拡大を巡り思い悩む人たちに、『がん哲学外来』で知られる樋野興夫・順天堂大名誉教授は『悩みを問わなければ解消できる』と説く」の記事が掲載されたようである。

「私も先生に昨今の『コロナ疲れ』についてお話を伺いたかったところでした。『言葉の処方箋』感謝申し上げます」、「素敵な記事ですね。未曾有の事態ではありますが、気にしすぎない、大事ですね」、「今この時こそ、先生のご講演などに触れて癒されたい、物の見方に開眼したい時ですね！」、「良い事が、我々を待ってくれていると思います。先生のお言葉を胸に日々を過ごしてます」、「とても良いコメントですね」、「コロナ一色の世の中で、とても気がめいっていたので、たいへん励まされました」、「職場では、職員への情報提供と機能維持マニュアルに基づくアルコール消毒や換気、咳エチケットの徹底など、管理する側として日々対応に追われています。なんだか少し、気分が晴れたような気がします」「先生ならどうお考えかなぁと思っていました。全てに通じる言葉の処方箋ですね」、「最近の論調では他に類を見ない記事中、誠に示唆と含蓄のある先生のお言葉に感銘いたしました」、「『綽々たる余裕』といい、すばらしいですね」、「夫が仕事帰りに夕刊毎日新聞を買ってきてくれました。『コロナ疲れへの処方箋』、いろいろな方の心の疲れを癒しますね！」、「むやみに怖がらず、今しか出来ない〝Stay Home〟をのんびりと楽しみたいと思います。感謝します！」、「ものごとが起きてからどう反応するかを考えればいい」、「まだ起きてないうちはほっとけ、気にするな」、「これで漠然とした不安が消えました。先生、ありがとうございます！」、

「まだまだ一日中がんのことを考えてしまいますが、だんだんと優先順位を下げていきたいと思っております！　ありがとうございます」、「周りが苛立っているので、つい影響を受け易い状況にありますが、常識を働かせ、平常心を保っていきたいと思います」、「新聞社HPでは先生のお写真が出ていたので、紙面探してしまいました。今、心が病んできている日が増えてきています。心の処方箋が今は必要な時期かもしれませんね」、「なかなか良いお話で感銘を受けました。閉塞感の中で何とか頑張ってみようと感じます」、『新聞記事のとおりです。コロナウィルスの拡散ではなく、『樋野哲学』の伝播が強く求められます。『なるようにしかならない』、『ほっとけ』──が必要です』、「夕刊のコラムに先生の対処法談話が載っていたので、毎日新聞HPにあたると、なんと顔写真付きでした」などなど、多数の心温まる励ましの感想を頂いた。涙なくして語れない！

「目下の急務は、忍耐あるのみ」であろう！　まさに、「だから、あすのための心配は無用です。あすのことはあすが心配します。労苦はその日その日に、十分あります。」（マタイの福音書6章34節）である。「試練は力を賦与する」（新渡戸稲造）の実践であろう！

・第100回　勝海舟、新島襄、内村鑑三、新渡戸稲造、南原繁、矢内原忠雄との天国カフェ（2020年6月29日）

この度、「21世紀のエステル会」の代表でもある金田佐久子先生の依頼で、『こころの友伝道』機関紙8月号巻頭言「『種を蒔く人になりなさい』〜ルカの福音書8章4〜15節〜」を執筆する機会が与えられた。乞うご期待である。筆者の今年の目標は『聖書とがん』の出版である。筆者はいつも講義、講演会では「人類は、なぜ、永遠に生きられないのか？」、「人間は生きて120年」、「なぜ、イブは、蛇の誘惑に負けたのか」、「アダムは930歳、ノアは950歳、アブラハムは175歳、モーセの時代から120歳」と、また、夢は「天国カフェの主催」と「冗談ぽく」さりげなく語っている。

広々とした会場で、感染症対策のルールに従い「がん哲学外来メディカルカフェ・in 世田谷深沢オープン記念講演」が開催された。スタッフの方に駒沢大学駅まで迎えに来て頂いた。「さくらカフェ、目白カフェ、多摩川せせらぎカフェ、東白楽カフェ」の各代表の方も参加されていた。筆者は、講演「病気であっても病人ではない。いい覚悟で生きる」の機会が与えられた。「コロナ時代の教養」と「勝海舟、新島襄、内村鑑三、新渡戸稲造、南原繁、矢内原忠雄たちとの天国カフェ」についても、さりげなく語った。真摯な多数の質問を頂いた。新聞記者、テレビ報道記者、近隣の大学の教員も聴講されていた。岡山で「がん哲学外来カフェ」を開催されている娘様も参加されていた。講演後は、大変充実した有意義な交わりの時を持った。今後、毎月1回開催されるようである。スタッフの熱意には大いに感激した。新百合ケ丘駅まで見送って頂いた。人生の良き想い出となった。

第３部　「心に咲く花」～がんと共に生きる～

「心に咲く花」について

「心に咲く花」は、「松本がん哲学みずたまカフェ」代表の齋藤智恵美さんが運営しており、ドキュメンタリー映画『がんと生きる　言葉の処方箋』の紹介や、ニュースレターの発信など精力的に活動されています。齋藤さんは「一億本の向日葵」、私は顧問として「心に咲く花」のコラムをそれぞれ担当しており、ホームページの開設とともに２０１８年９月１日に第１回、こちらも今年で１００回を数えています。

心に咲く花会とは……

「心に咲く花」。それは、誰の心にも咲く花。種類も色も時季もそれぞれ。

種が地中で芽を出そうとエネルギーを蓄えるように、私たちの人生もいつでも花が咲いているわけではありません。自分や家族、身近な人ががんになった時、「もう花なんか咲くわけがない・・・」そんな気持ちを誰もが一度は抱くのではないでしょうか。それでも「心の花」はいつか咲く。沈み込んだ地中が深ければ深いほど、その花は凛と美しい。「がん哲学メディカルカフェ」の中で出会ってきた多くの方々がそう教えてくれました。そんな「心に咲く花」の種を見つけ、大事に育てていこうというのが、この「心に咲く花」会です。

各メディカルカフェ開催のほか、種を見つける勉強会やイベント、講演会を企画したいと思います。

運営　齋藤智恵美（松本がん哲学みずたまカフェ代表）
顧問　樋野興夫
WEBサイト　https://kokoronisakuhana.life/

第一章 種を蒔く人

・第1回「ヘレン・ケラーとアン・サリヴァン」に学ぶ（2018年9月1日）

「山の日」の祝日、講演会『がんと共に いい覚悟で生きる ～がん哲学外来の話～』（松本市勤労者福祉センターに於いて）に招待された。佐久、小諸、群馬、東京、名古屋からの参加もあり、会場は大盛況であった。主催者の「松本がん哲学カフェ『みずたまカフェ』」齋藤智恵美代表の胆力・企画力・心温まるおもてなしには、大いに感動した。まさに『心に咲く花』の開花の時である。

ヘレン・アダムス・ケラー（1880～1968）は、3重苦（聴力、視力、言葉を失う）を背負いながらも、世界各地を歴訪し教育・福祉に尽くした。ヘレン・ケラーとアン・サリヴァンとの写真を見ながら、静思した。「ヘレン・ケラーは、二歳の時に高熱にかかり、聴力、視力、言葉を失い、話すことさえ出来なくなった。両親から躾けを受けることの出来ない状態となり、家庭教師として派遣されてきたのが、当時20歳のアン・サリヴァン（1866〜1936）であった。サリヴァンはその後約50年にも渡って、よき教師として、そして友人として、ヘレンを支えていくことになる」。ヘレンとサリヴァンの半生は〝The Miracle Worker〟（邦題『奇跡の人』）として映画化されている。英語の〝The Miracle Worker〟には「（何かに対して働きかけて）奇跡を起こす人、といった意味があり、本来はサリヴァンのことを指す」とのことである。ヘレン・ケラーが「人生の眼」を開かれたのは「いのちの言葉」との出会いである。〝I am only one, but still I am one. I cannot do everything, but still I can do something; And because I cannot do everything I will not refuse to do the something that I can do.〟 私は一人の人間に過ぎないが、一人の人間ではある。何もかもできるわけではないが、何かはできる。だから、何もかもはできなくても、できることをできないと拒みはしない」（ヘレン・ケラー）が「役割・使命」であろう。

人間は、自分では「希望のない状況」であると思ったとしても、「人生の方からは期待されている存在」であると実感する深い学びの時が与えられている。その時、その人らしいものが発動してくるであろう。「希望」は、「明日が世界の終わりでも、私は今日りんごの木を植える」行為を起こすものであろう。「役割意識＆使命感」の自覚へと導く。すべての始まりは「人材」である。

・第9回《変わり者VS変わり種》~「種を蒔く人」・「成長する種」・「からし種」~(2018年10月22日)

『女性セブン』の11月1日号に大きな記事『ねえ、ママが がんになって わかったことがあるんだ』(46~52ページ)が掲載されていた。「心に咲く花」のメンバーである「彦田さん親子」の写真も記載されていた(50ページ)。大いに感動した。筆者の「がん教育」に関するコメントも掲載されていた(51ページ)。

今から10年以上前であろうか? 朝日新聞の夕刊の一面に、筆者ことを「変わり者でなく、変わり種である」との記事があったことが、今回、鮮明に甦って来た。《変わり者 VS 変わり種》の違いを静思する時ともなった。「種を蒔く人」、「成長する種」、「からし種」の「たとえ」の復習である。種は成長する。小さなものが大きくなって実をつける。「水路のそばに植わった木のようだ。時が来ると実がなり、その葉は枯れない」&「忍耐が練られた品性を生み出し、練られた品性が希望を生み出す」の学びである。すべての始まりは「人材」であるを、痛感する日々でもある。まさに『心に咲く花』である。

・第13回 人生の醍醐味 ~「学んだ事を 語り伝える」~(2018年11月18日)

昨日は、早稲田大学中野校 オープンカレッジでの5回連続講座「がんと生きる哲学 ~医師との対話を通し『がん』と生きる方法を考える~」に赴いた(早稲田大学エクステンションセンターに於いて)。

「目標：がんとともに暮らすことを知り、がん患者と対話し、がん患者に寄りそう方法を受講者自らがみつけ、笑顔になることをめざします。

講義概要：がん哲学』とは、生きることの根源的な意味を考えようとする患者と、がんの発生と成長に哲学的な意味を見出そうとする医師との対話から生まれました。病理学者としての立場から、科学としての癌学には哲学的な考え方を取り入れていく領域があるとの立場に立ち『がん哲学』を提唱しています。日本人の半分ががんになる時代、好むと好まざるとにかかわらず、多くの人ががんと一緒に生きる方法を見つけなければなりません。授業では教科書の読みあわせと解説をしつつ、受講者とのディスカッションを中心に講義をすすめます。がんとともに生きている患者さん、がん患者の家族や身近に患者がいる人、医療従事者等のがん患者に寄りそいたいと思うかたすべてが対象です。

テキスト：『がん哲学』（EDITEX）」と、案内・紹介されている。

今回は、受講者と「『がん哲学』の気概　～ミクロの世界でマクロの世界を思う～」（ページ12、13）と「『天寿がん』の時代に向けて　～名詞の世界から形容詞の世界へ～」（ページ14、15）の箇所を輪読し、多数の質疑応答をしながら、楽しい・充実した、90分の時を過ごした。「学んだ事を語り伝える」ことが、人生の醍醐味となろう。

今日は、今から川越東武ホテルに於いて、埼玉医科大学総合医療センター消化管・一般外科教授 石田秀行先生の企画の市民公開講座である。

・第15回　医療の隙間を埋める～「愛に根ざし、愛にしっかりと立つ者」～（2018年12月2日）

武蔵野大学の看護学科の「病理学」の授業に赴いた。多数の学生が、熱心に聴講してくれた。特に看護師にとっての「病理学の役割」について語った。「医療の隙間を埋める看護師」の存在は、ますます重要になってくるであろう。

新島襄（１８４３～１８９０）の亡き後、看護師としても働いた新島八重（１８４５～１９３２）を彷彿した。今日は、群馬県の国立病院機構沼田病院で「がん市民公開講座 ～Ｕターンの受け皿となる次世代の地域医療を目指して～」である。渋川訪問看護ステーション、沼田病院の看護師さん達の発表、また聖路加国際大学大学院生で、群馬大学附属病院に勤務されている看護師は「新島八重の現代的意義」も触れられることであろう。筆者にとって「内村鑑三・新島襄」を生んだ上毛カルタの群馬県には、特別の思いがある。「愛に根ざし、愛に基礎を置いている」（エペソ人への手紙3章17節）、「決してゆるがされない」（詩篇15篇5節）の学びの時でもある。今週、東大総長を務めた内村鑑三（１８６１～１９３０）・新渡戸稲造（１８６２～１９３３）を恩師とした矢内原忠雄（１８９３～１９６１）を記念した「第27回 がん哲学外来 矢内原忠雄記念 本郷通りカフェ」が開催される。

・第22回　想い出深き街～新たなる展開～（2019年1月20日）

土曜日の午後、海老名市立総合福祉会館で「がん哲学外来えびなカフェ講演会」が、「がん哲学外来　えびなカフェ」代表：内山喜一郎先生（湘陽かしわ台病院　地域連携室・診療部外科）によって開催された。筆者は、講演「がん哲学外来～10年を過ぎ、新たなる展開～」の機会が与えられた。内山喜一郎先生の奥様、娘様に海老名駅に迎え来て頂き、大変感動した。海老名市長も、講演会で開会の挨拶をされた。会場は多数の参加であった。大いに感激した。質問もあり、充実した時であった。思えば海老名は、札幌農学校の第一期生の大島正健（1889～1938）の子孫で、大島智夫先生のご自宅をwifeと訪れたのが、最初であった。大島先生の三代（正健・正満・智夫）による著書『クラーク先生と、その弟子たち』を拝読したのは、2001年のことである。海老名は、想い出深き街である。将来「メディカル　タウン」になる予感がした。札幌農学校の第二期生には、内村鑑三・新渡戸稲造がいる。

日曜日、整形外科 神田健博先生の紹介で「横浜カルバリーチャペル」の特別講演会『がんばりすぎない、悲しみすぎない』（講談社）の機会が与えられた。「クラーク ― 内村鑑三・新渡戸稲造 ― 南原繁・矢内原忠雄」も語る。

・第33回「からし種」～「21世紀の医療の華開く」～（2019年4月7日）

長崎県佐世保市での特別講演会「病気であっても病人ではない～言葉の処方箋～」（相浦光キリスト教会に於いて）個性を引き出す ～がん哲学のエッセンス～」に招かれた。思えば、２０１7年10月に 長崎国際大学シンポジウム 第7回生涯教育セミナー「医療への新しい道」（長崎国際大学薬学部：佐世保市ハウステンボス町に於いて）で、白髭 豊先生（白髭内科医院院長・長崎在宅Dr.ネット事務局長）の講演「在宅医療と尊厳死 ～住み慣れた家で安心して療養するために～」に続いて、講演「がん哲学外来 ～人生は百貨店のようなもの～」の機会が与えられた。白髭 豊先生との再会も楽しみである。

午前中は、「からし種」の話である。「どんな種よりも小さいのですが、生長すると、どの野菜よりも大きくなり、空の鳥が来て、その枝に巣を作るほどの木になります。」（マタイの福音書13章32節）、これは、「時代を超えて、時代を愛する＝がん哲学＆がん哲学外来」の原点でもある。「21世紀の医療の華開く～世界への扉～」となろう。

・第41回「がん哲学外来ナース部会5周年記念講演会」～歴史の流れを感ずる～（2019年6月2日）

「柏がん哲学外来」（柏地域医療連携センターに於いて）に赴いた。茨城県からも面談に来られ、「潮来 がん哲学外来」が、開設される予感がした。

土曜日の午後、「がん哲学外来ナース部会5周年記念講演会」（東中野キングスガーデンに於いて）に、wife と赴いた。群馬県、茨城県、長野県、兵庫県の遠方からも参加があり、多数の出席者で、会場は一杯であった。大いに感激した。

沼野尚美先生（宝塚市立病院緩和ケア病棟チャプレン／カウンセラー）の講演「人の心に聴くとは」は、大変勉強になった。「患者と医療者の隙間を埋める役割＝懸け橋」の学びであった。筆者は、「がん哲学外来ナース部会 顧問」として、講演「種を蒔く人になりなさい」をする機会が与えられた。会場から格調高い質問もあり、大いに感動した。「がん哲学外来～看護師だからできる『がん患者・家族の精神的サポート』」【外来看護 季刊誌２０１９年5月10日発行】の別冊が、配布されていた。看護師の存在は、まさに「懸け橋」であろう。

日曜日の午後は、「八方ふさがりでも、天は開いている ～ 病に苦しむ方々やその家族、医療関係者などに、励まして～」（前橋キリスト教会に於いて）に招かれた。新島襄（１８４３～１８９０）・内村鑑三（１８６１～１９３０）を生んだ群馬県には、筆者は、特別の思いがある。歴史の流れを感ずる今日この頃である。

・第56回　医師としての真摯な姿～見据える勇気～（2019年9月15日）

第25回「がん哲学外来　メディカルカフェ．in　荻窪　～カフェ開設2周年記念特別講演会～」（荻窪栄光教会に於いて）に赴いた。「見据える勇気　～がん哲学エッセンス～」のタイトルで、講演する機会が与えられた。筆者は、「何を言ったかではなく、誰が言ったかが重要」、「自分が言うことで、相手が慰められる人物になる訓練をする」、「『空っぽの器』：頑丈な器ならば、必ず誰かが水を入れていく。空っぽの器を大きくするだけ」が、「がん哲学外来メディカルカフェ」の在りようであると語った。多数の参加者であった。8組の個人面談もあった。大変有意義な時であった。既に、来年3月14日には、第31回特別講演会『「がん哲学外来」の原点回帰　～内村鑑三・新渡戸稲造・南原繁・矢内原忠雄に学ぶ～』が、企画されているようである。さらに来年度は3周年記念講演会が、杉並区の市民会館で開催される気配である。スッタフの心意気・胆力には、ただただ感服である。

小泉さおり先生（こいずみ耳鼻咽喉科医院長）主催「ほとりカフェ・in 東カベ開設記念特別講演会：医療の隙間を埋める ~個性を引き出す~」（東京カベナント教会に於いて）に赴く。医師としての真摯な姿である。今夜（2019年9月15日）は、2016年11月より埼玉医科大学総合医療センターで「小江戸がん哲学外来」を開設されたブレストケア科教授 矢形寛先生（享年55歳）の通夜である。矢形寛先生のHPには、「がんになった時、再発した時、あるいは病気が悪化した時、さまざまな不安が突然間近に迫ってきます。そして今後どうしたらよいか、どう生きたらよいのか、道が見えなくなってしまいます。そのような時、医療者が十分に向き合って手を差し伸べられることが理想だと考えています。『がん哲学外来』は、'対話'によって生きることの根源的な意味を考え、ご自身の人生を自分らしく生きていただくために行う支援のひとつです。乳がんに限らず、その他のがんや病気で悩む方も受診することが可能です。また、患者本人でなくても相談することが可能です」と紹介されている。本当に悲しく、涙なくしては語れない！

・第66回「沼田メディカルビレッジ」構想～愉快なテーマ～（2019年11月24日）

筆者は、群馬県の国立病院機構 沼田病院での「2019年 がん診療連携推進事業 第15回がん市民公開講座 ～利根沼田地域のメディカルビレッジを考える～」に赴いた。総合司会：星野まち子副看護部長のもと、開会の辞：前村道生病院長で始まり、来賓祝辞：林秀彦 沼田利根医師会副会長、そして、岩波弘太郎総合診療部長の座長で、筆者は、第1部として、基調講演『医療の隙間を埋める、言葉の処方箋』の機会が与えられた。第2部は、根岸哲夫 副院長、竹内弘美 地域医療連携係長の座長で、シンポジウム「がんになっても安心して地域で住み続けられるために知っておきたいこと」が企画され、前村道夫 病院長、小田充代 沼田市在宅介護支援センター ゆうゆう・うちだ社会福祉/相談員、清水絵美 訪問看護ステーションまつかぜ管理者、坂井輝男 沼田病院 地域包括ケア病棟看護部長、梅澤美里 沼田病院緩和ケア認定看護師が講演された。閉会の辞:古見薫 看護部長で、終了した。

終了後の懇親会では「『沼田メディカルビレッジ』構想」で、大いに盛り上がった。Uターン(沼田から都会に移住した人が、再び沼田に戻る)、Iターン(出身地とは違う沼田に移住)は、近未来の姿で「ドリーム&ビジョン」でもあろう。「『沼田メディカルビレッジ』構想を考える会」の設立記念日ともなった。次回の「内村鑑三記念 メディカルカフェ・沼田」のスッタフとの昼食会でも「沼田メディカルビレッジ」は愉快なテーマとなろう。

・第73回 「心の灯台」~いつでも、どこでも同じ~(2020年1月8日)

今日は、国立病院機構沼田病院での2020年最初の「内村鑑三記念メディカルカフェ・沼田2020年」に赴く。これは、「心の灯台:内村鑑三」を記念した「がん哲学外来」である。「内村鑑三を敬愛する病理学者：がん学を専門とし、医療の『隙間』を埋めるために『偉大なるお節介』を信条として初めて『がん哲学外来』を開設」とチラシには、心温かく紹介されている。本当に勇気付けられる。筆者の講演、講義、授業「がん哲学」の「理念」は、「『個性と多様性』〜『病気であって、病人でない』〜」であり、「目的」＆「概要」＆「目標」は、いつでもどこでも同じであり、下記の如くである。

【目的】

「がん」研究の目的は、「人のからだに巣食ったがん細胞に介入して、その人の死期を再び未確定の彼方に追いやり、死を忘却させる方法を成就すること」である。「適時診断と的確治療」の実現である。「がん改革元年」と呼ばれた2007年の「がん対策基本法」施行を機に、国のがん対策が加速した。2017年には第3期がん対策推進基本計画が制定され、さらなる改革が進められる。がん治療にあたって、より患者の視点に寄り添うことが求められる。「がん」の根幹を追求し、俯瞰的に物事を総合的に見られるようにすることを目的とする。

【概要】

「がん」の根幹を追求しようとする"the study of the diseased tissues"を機軸とする。「がん」の本態が遺伝子レベルで具体的に考えられるようになり、21世紀は、がん学にとってエキサイティングな時代の到来である。「潜在的な需要の発掘」と「問題の設定」を提示し、「がん学に新鮮なインパクト」を与え、ダイナミックな魅力ある「がん学の環境」を作らねばならない。これらを通して実践的な「がん哲学」の涵養を図る。

【目標】

1．世界の動向を見極めつつ歴史を通して今を見通せるようになる。

2．俯瞰的に「がん」の理を理解し「理念を持って現実に向かい、現実の中に理念」を問う人材となる。

3．複眼の思考を持ち、視野狭窄にならず、教養を深め、時代を読む「具眼の士」の種蒔く人材となる。これが、2020年新年にあたっての普遍性の原点回帰である。

第二章　ユーモア（You more）の実践

・第24回　ユーモアたっぷり～根源的なテーマを受け入れやすい言葉で～（2019年2月4日）

土曜日の午後、茨城カウンセリングセンターでの「2018年度カウンセリング講座　レクチャーコース」に招待され、水戸駅に赴いた。群馬県の国立病院機構構沼田病院からも看護師四人参加して下さり、会場は多数の聴講者であった。真摯な質問もあり、大変有意義な、充実した時であった。「ユーモアたっぷりの楽しい時間でした」との温かいコメントを頂いた。「がん哲学外来カフェ・in 茨城カウンセリングセンター」が開設される予感がする。

日曜日の午後、第10回 東近江医療圏 がん診療公開講座「この時代に知っておきたいがん診療 ～がんと免疫と哲学と～」に参加した（主催：近江八幡市立総合医療センター・東近江総合医療センター・滋賀医科大学医学部附属病院：「滋賀県男女共同参画センターG-NETしが」に於いて）。「これからのがん免疫療法」は、大いに勉強になった。筆者は、特別医療講演「がん哲学から生きる力の贈り物 'ことばの処方箋'」の機会が与えられた。神戸薬科大学の教師、学生、お母様も、参加されていた。早速、「病を得ても、たとえそれががんであってもどう向き合い、受け入れ、良き死を得るかと 根源的なテーマを受け入れやすい言葉でお話しいただいたと思います。ありがとうございました」、一緒にいること、寄り添うことの 重要性を教えて頂きました。― 先生をお見送りした直後に、― 滋賀県内でがん哲学カフェを実現しませんかと提案させて頂きました」との勇気付けられるメールを医師から頂いた。まさに、今週の学びは、「ビジョン・改革・多様性」であろうか！

・第31回 「がん哲学」はまさに「辻説法」である～金言、諫言に身が引き締まる～（2019年3月24日）

「ドキュメンタリー映画『がんと生きる 言葉の処方箋』マスコミ試写会」（銀座TCC試写室に於いて）に赴いた。「凡そ10社、25人～30人位の記者」であったとのことである。驚きである。5月3日午前～5月9日の期間、新宿武蔵野館にてロードショーとのことである。先日（3月20日 東京ガーデンパレス）の「定年退職記念講演会・祝賀会」にご出席して頂いた先生からも、「祝賀会の後、その足で本郷の東大図書館に籠もり、いただいた御本を拝読させていただいた次第です。ページを繰るごとに迫る樋野先生の金言、諌言に身が引き締まる思いです」、《「がん哲学」はまさに樋野先生の「辻説法」である。》等々の、大いに感動し勇気付けられるお言葉を、多数頂いた。

春分の日（3月21日）、八ヶ岳での、「がん哲学外来メディカルカフェ～『病気であっても病人ではない』生き方を 考えるきっかけに」での講演「種を蒔く～がん哲学エッセンス」に赴いた。長野県の佐久、小諸、松本からの参加もあり、大変感激した。皆様の持ち寄りの昼食のおもてなしも、本当に心温まり、充実した時であった。今後も、毎月1回開催されるとのことである。行きは長坂駅から帰りは韮崎駅まで、山本先生に車で送り迎えして頂いた。

3月22日ラジオ NIKKEI『大人のラヂオ：樋野興夫のがん哲学学校』が、放送されたとのことである．私の誕生日祝いでもあり「幼稚園年長の男児と小学校六年生の女児がスタジオに参加していただきました」と紹介されていた。「チャウチャウ犬のような先生の笑顔に癒されますね！」のお言葉も頂いた。

・第48回　水源→本流～MISSION（使命）としての人生～（2019年7月19日）

金城学院学院長、淀川キリスト教病院　名誉ホスピス長「柏木哲夫氏が語る樋野興夫氏の魅力」ライフ・ライン

"http://www.youtube.com/watch?v=icbE9IBqZPE&feature=share&list=UU7gHGm_2lodH3RobkoC5bTQ"が、送られてきた。筆者の「読書遍歴・消化力」と「病理学者とがん哲学外来の不思議な関係性」について、語ってくださっている。大いに感動した。ただただ感謝である。思えば、柏木哲夫先生とは、『使命を生きるということ ― 真のホスピス緩和ケアとがん哲学外来からのメッセージ』（柏木哲夫・樋野興夫 共著、青海社発行2012年）を出版した。「まえがき」には「川には必ず水源がある。かなり大きい川でも、水源をたどれば、山間のわき水であったりする。わき水が集まり、流れは次第に川らしくなり、本流ができる。さらに川幅が広くなり、時には小さな支流をつくりながら、

主流は大きな流れとなって海に注ぐ。ホスピス緩和ケアとがん哲学外来は主流ではないが、本流であろうと思っている」と記述されている。「MISSION（使命）としての人生を感ずるとき」と紹介されている。本当に、筆者の生涯の記念本でもある。

国立障害者リハビリテーションセンター学院 リハビリテーション体育学科で、「病理学」の授業に赴いた。生徒との楽しい対話の充実した時であった。「人間学の学び＝がん教育」の時ともなった。「ちびまる子ちゃん」＝彦田かな子様：『種を蒔く人になりなさい』の46ページに登場（いのちのことば社 発行）＆「犬のおまわりさん」＝齋藤智恵美様：『種を蒔く人になりなさい』の154ページに登場（いのちのことば社 発行）の、インタビュー『親子で学ぶ がん哲学のレッスン』（仮）が、さりげなく水面下で進められているようである。出版が実現すれば、月面着陸と同じレベルの歴史的快挙となろう。

「犬のおまわりさん」が、記載されている福井新聞の『越山若水』（2019年

7月15日号）が送られてきた。まさに、「MISSION（使命）としての人生を感ずるとき」である。

週末、三浦海岸で講演・がん哲学外来である。既に多数の参加者の申し込みがあるとの連絡を頂いた。驚きである。

・第54回「宇宙からの3姉妹」～愛を込め「冗談を本気でする胆力」の見本～（2019年9月1日）

今年も、早8月を終えた。今年の8月は、11日（日）「松本がん哲学みずたまカフェ」（代表 齋藤智恵美氏）2周年記念（長野県松本市に於いて）、25日（日）「東村山がん哲学外来メディカルカフェ」（代表 大弥佳寿子氏）5周年記念（東村山 市民ステーションのコンベンションホールに於いて）、28日（水）「目白がん哲学外来カフェ」（代表　森尚子氏）3周年記念（目白町教会に於いて）が開催された。共に、多数の参加者で会場は一杯であった。三人の代表の、情熱と真摯な態度には、大いに感激した。今年の8月は、人生の忘れ得ぬ本当に、記念すべき良き想い出の月となった。

この度、この三人で、紙上の「宇宙からの3姉妹（羊、猫、パンダ）」が結成される運びとなった。歴史的快挙であろう。筆者はチャウチャウ犬で、太陽（光輝く）とのことである。大弥佳寿子氏は、月（太陽の光を映し出す）、森尚子氏は、木星（神々の王）、齋藤智恵美氏は、土星（地を耕す）とのことである。ただただ、驚きと感動の坩堝である。「宇宙からの3姉妹」は、「がん哲学外来で出会い全ての時間と空間に愛を込め種を蒔いて育て繋げていつか宇宙に帰る素敵な三姉妹」と定義されるであろう！　今、時代が要求している「冗談を本気でする胆力」の見本ではなかろうか！

「宇宙からの3姉妹」の3ヶ条

（1）「世界の動向を見極めつつ歴史を通して今を見ていく」

（2）「俯瞰的に『人間』を理解し『理念を持って現実に向かい、現実の中に理念』を問う」

（3）「複眼の思考を持ち、視野狭窄にならず、教養を深め、時代を読む『具眼の士』の種蒔き」

昨日の午後、筆者が代表を務める南原繁研究会の第8回夏期研究発表会（学士会館に於いて）に赴いた。会場は満席であった。本当に、深い学びの時となった。筆者は「閉会挨拶」の機会が与えられた。さりげなく「普遍性と特殊性」について語った。前記の「宇宙からの3姉妹」の3ヶ条が彷彿された。

筆者は、今から、沖縄（那覇）での、緩和ケア認定看護師教育課程「公開講座」に向かう。「今年度も6月から、沖縄県看護協会で緩和ケア認定看護師教育課程が開講されます。開講にあたり、県外から著名な講師陣をお招きしております。どの講師も、国内では多大な実績もあり、高名な方たちとなっております。緩和ケアに限らず、興味のある方はご参加お待ちしております」と「お知らせ」

に、書かれている。筆者に与えられた講演は3時間で、タイトルは「全人的苦悩に向き合う力プレゼンス・真の共感とは『ことばの処方箋』」とのことである。

・第60回　ゴリラとパンダとがん哲学動物園長～品性（性格）の完成～（2019年10月11日）

「第36回がん征圧新潟県大会　～東北次世代がんプロ養成プラン第8回市民公開講座～」（新潟県見附市文化ホール　アルカディア大ホールに於いて）での特別講演『がん哲学外来　～ことばの処方箋～』に招待された。「よつばの会代表・女優・タレント　原千晶氏」の体験談「大切にしたい自分の体　～2度の子宮がんを経験して～」には、大いに感動した。またミニコンサート、特に「小さな木の実」も心に沁みた。川端康成の「雪国」で知られる谷川連峰を貫く大清水トンネル（長さ22・22キロ）には、圧倒された。朝日新聞出版の週刊誌『アエラ』の「現代の肖像」の取材依頼があった。「樋野先生の思いや活動の意義を読者に伝える」、「本人以外の方の取材も必須」とのことである。「がん哲学外来カフェ」主催の「宇宙からのゴリラ、パンダ」が、頭に浮かんだ。早速「ゴリラさんとパンダさんと樋野がん哲学動物園長のお話、楽しみにしています!!」との心温まるメールを頂いた。

「第64回 がん哲学外来メディカルカフェ@よどばし」(淀橋教会に於いて)に赴いた。まず、恒例の『365日の紙飛行機』の合唱で始まった。筆者は、内村鑑三の「人生の目的は品性を完成するに在り」・「誰もが後世に残すことができる最大の遺物は『勇ましい高尚な生涯』」と「患難が忍耐を生み出し、忍耐が練られた品性を生み出し、練られた品性が希望を生み出す」(ローマ人への手紙5章3~4節)を語った。『糸』を熱唱して終えた。個人面談もあり、大変貴重な有意義な時であった。週末は、恒例の「東久留米カフェ・読書会『代表的日本人』(内村鑑三著)」である。「第2回東久留米がんセミナー」(明治薬科大学東久留米サテライトキャンパスに於いて)が企画されている。筆者が「がん哲学外来」を始めた切っ掛けは、「内村鑑三・矢内原忠雄」の生涯の学びからである。現在「内村鑑三記念メディカルカフェ・沼田」と「矢内原忠雄記念がん哲学外来本郷通りカフェ」が実践されている。本当に、人生は不思議である。

・第62回「樋野動物園と愉快な仲間達」～緩和ケアの理念～（2019年10月27日）

「第29回がん哲学外来 新百合ヶ丘メディカルカフェ」に赴いた。筆者は、講演「種を蒔く ～言葉の処方箋～」と、別室で個人面談を行った。聖マリアンナ医科大学をはじめ医師・看護師も参加されており、大変有意義な時であった。思えば２０１４年から開催されており、今回は5周年記念でもある。

会場には、２０１４年3月23日（日）～28日（金）「カフェ．ｉｎ ＵＫ＆緩和ケアの祖を訪ねる旅」に一緒に参加された方も、出席されていた。"St. Christopher's hospiceとSt. Joseph's hospice"の両ホスピスで施設見学とセミナーに参加し、英国で初めてとなる「がん哲学カフェ」を、"Death Café"と共同で開催した。"St. Christopher's hospice"は、シシリー・ソンダースが設立したホスピスで、「現代ホスピス」の発祥地と言われている。"St. Joseph's hospice"は、ロンドン最古のホスピスのひとつで、モルヒネをがん患者に使用し現在の緩和ケアが始まったとされている。近代医学において緩和医療の重要性を強く強調したとされ、現在の緩和ケアの理念を築いたとされるシシリー・ソンダースゆかりのホスピスと、英国の患者会の集まり"Death Café"との交流を目的としたツアーであった。本当に懐かしい想いである。今回、鮮明に蘇ってきた。

鎌倉での講演「種を蒔く人 ~楕円形の心~」に招待され、wifeと参上する(鎌倉雪ノ下教会に於いて)。この度、「樋野動物園と愉快な仲間達」のポスターが作成された。驚きである。「ちびまる子(彦田)」、「ゴリラ(森)」、「パンダ(齋藤)」、「サル(高山)」、そして、筆者は、「園長 サラブレッド」とのことである。皆さんの「ユーモアと胆力と心意気」には、本当に圧倒される日々である。

大いなる感動でもある。駅構内、病院などにポスターが掲示されれば、歴史的快挙となろう！

・第82回　誕生日お祝い会＆「樋野動物園」開設1周年記念 in 万座温泉～品性を完成するにあり～（2020年3月15日）

「2020年メディカル・ヴィレッジ in 嬬恋村 がん哲学外来カフェ in 万座樋野先生お誕生日（1954年3月7日）お祝い会『がんと生きる言葉の処方箋』出演者懇親会」（万座温泉 日進館に於いて）に赴いた。筆者は、wifeと車で、軽井沢駅から万座に向かった。中軽井沢の星野温泉を通過した。思えば、1921年 内村鑑三（1861年3月23日～1939年3月28日）は、星野温泉の若旦那に『成功の秘訣10か条』を与えている。その第10条は「人もし、全世界を得るとも、その霊魂を失わば、何の益あらんや。人生の目的は金銭を得るにあらず。品性を完成するにあり。」である。筆者は若き日からこれを暗記したものである。1918年新渡戸稲造（1862年9月1日〜1933年10月15日）は、軽井沢通俗夏季大学の講義に赴いている。

軽井沢は、1870年以降海外からの宣教師達の避暑地となっている。『軽井沢は江戸から二日間』の旅でいける」と書かれている。1881年「中央部及び北部日本旅行案内」（イギリス公使館通訳）には、「標高3270フィートで、夏は冷涼、蚊がおらず、平地の不健康な暑さから逃れる場所として推薦できる。― 周囲には散歩や登山などに適した場所である」（イギリス公使館通訳）であったようである。万座温泉 日進館は、標高約1800メートルとのことである。夕食会（樋野先生お誕生日お祝い会）では、元群馬大学長 鈴木守先生、第9回がん哲学外来市民学会大会長 片山和久先生（伊勢崎市民病院 外科部長）が挨拶して下さった。東京、長野県からも多数の参加者であった。夕食後、ロビーでの講演会「『樋野動物園』開設1周年記念講演会」で、講演「個性と多様性」をする機会が与えられた。二次会も、「"Medical Village"構想」で、大いに盛り上がった。翌日は、「がん哲学外来カフェ・in 万座」で「『樋野動物園』開設１周年記念お祝い」が、企画されている。今回は雪の万座での、人生の忘れ得ぬ良き想いでとなる旅となった。

・第89回 不安が解消される ～急ぐべからず～（２０２０年４月29日）

Wifeと落合川を散歩した。「落合川に住んでいる魚とみられる野鳥たち」の立て看板を観察した。長島愛生園の神谷美恵子（１９１４～１９７９）の研究者である田中真美先生（立命館生存学研究所、「長島愛生園の人びと」現地実行委員会責任者）からは、「鴨川、向こうに見える比叡山」の写真が送られてきた。「川の流れは１２００年変わりません。北から南に流れ、大阪淀川につながって四国に流れていき、地球はつながっていますね。病も人も自然も共に地球に生きています。樋野先生の教えに感謝申し上げます」とのコメントが寄せられた。大いに感動した。「鴨川」で、京都での浪人時代（19歳）の想い出が、鮮明に蘇ってきた。浪人時代に出会った先生から、南原繁（1889〜1974）を学び、矢内原忠雄（1893〜1961）、内村鑑三（1861〜1930）、新渡戸稲造（1862〜1933）へと繋がった。不思議な人生邂逅の連続である。また、下記のメールも届いた。「朝日新聞デジタルを読ませていただきました。問題の解決はできなくても少しでも解消できるような行動をしていきたいと思います。その為には、にもかかわらずでユーモアを持って接していくこと改めて大切だと感じています。ー コロナの問題は解決しませんが、少しでも不安が解消されるよう私に何ができるか考えていきます。樋野先生、言葉の処方箋をありがとうございます」、「朝日新聞のインタビュー記事を拝読させて頂きました。毎日のテレビ報道や新聞報道でメインに報じられている事柄は、時々刻々と感染者数の増加と医療現場や高齢者施設の崩壊等々の緊迫した状況がほとんどですが、一番大切なことは、危機迫る時こそどう生きるかであり、樋野先生の回答は明快ですね」。これも、「南原繁、矢内原忠雄、内村鑑三、新渡戸稲造」の学びの効果であろうか！「人の一生は重荷を負うて遠き道をゆくがごとし。急ぐべからず。不自由を常と思えば不足なし」（徳川家康）が脳裏に浮かんで来た。まさに、「『今日あるから明日もある』の発想で計画を立てる」（新渡戸稲造）である。

・第93回 他者の苦しみに寄り添える～だれにでも いつでも～（2020年5月27日）

「映画『がんと生きる言葉の処方箋』万座温泉日進館がん哲学外来カフェ．in万座」代表 市村雅昭氏の「言葉の処方箋 YouTube インタビュー」"https://youtu.be/g_G4YU-WO6w"が送られて来た。万座に行きたいものである。バーチャルの「樋野動物園」が創立されたのは、２０１９年10月13日とのことである。創立者でもある「ゴリラ＆パンダ」によって、10月13日が、「樋野動物園 創立記念日」に定められる予感がする。歴史的大事業となろう。「樋野動物園」の理念は「個性と多様性」である。地球上には、多種の生物が生存している。まさに「心を一つにし、同情し合い、兄弟愛を示し、あわれみ深く、謙遜でありなさい。」（ペテロの手紙第一3章8節）の実践である！「創造的想像力＝"Creative Imagination"」（大江健三郎）が思い出された。「いかに他者の苦しみに寄り添えるか」という「創造的想像力」である。

今秋、新刊『樋野流 人生哲学』（案）が、出版されるようである。ポイントは、（1）「姿勢」（2）「みだりに 他人に干渉しない」（3）「お節介ばかりして、締まりのない歩み方をしない」（4）「うわさ話や余計なお節介をしない」（5）「実存的空虚の克服」であろうか！乞うご期待である。「あなたがたのうちにある希望について説明を求める人には、だれにでもいつでも弁明できる用意をしていなさい。」（ペテロの手紙第一3章15節）。「胆力と器量」の試練である。

・第95回「爆笑症候群」&「爆睡症候群」&「気がかり症候群」～現代的

意義～（2020年6月11日）

6月5日は、wifeが小学校の校長を務めるCAJの高校生の卒業式であった。筆者も、ライブで拝見した。まさに、「いつの日か、この日を振り返る時『コロナが騒がれた変わった時期に卒業したなぁ～』と思う事でしょう」に大いに同感する。

筆者は、「偉大なるお節介症候群」&「爆笑症候群」&「爆睡症候群」&「気がかり症候群」の認定証を授与している。「病理学」とは、「風貌を診て、心まで診る」学問分野でもある。まさに「個性と多様性」の学びである。

「偉大なるお節介症候群」の診断基準は、以下の3か条である。

1．暇げな風貌
2．偉大なるお節介
3．速効性と英断

「心に咲く花会」の代表の齋藤智恵美氏は、2018年7月9日「偉大なるお節介症候群」を受証されている。

「爆笑症候群」には、「存在自体が周囲を明るくする人」

「爆睡症候群」には、「楽観的に物事を考える人」

「気がかり症候群」には、「自分の問題＝ユーモアと客体化」が、謳われている。

ユーモア溢れる「『偉大なるお節介症候群』&『爆笑症候群』&『爆睡症候群』

&『気がかり症候群』」の現代的意義は、「相手の必要に共感することであり、自分の気持ちで接しない」である。使命は「理念を持って現実に向かい、現実の中に理念」を問う人材の育成でもある。

第三章　心の花

・第4回「変わり種＝からし種」～「マザー・テレサがん哲学外来カフェ」～
（2018年9月16日）

筆者のプログ『心に咲く花 ～がんと共に生きる～ 人生から期待される生き方を見つめて～』"http://kokoronisakuhana.life/"と同時に「心に咲く花」会代表の齋藤智恵美氏のプログ「一億本の向日葵」も定期的に掲載されることになった。「作文作家」としての華麗なるデビューである。「樋野先生の『ひのき』の凛とした癒やしの香りが、多くの方に届くよう向日葵も頑張ります」とのことである。まさに、「個性を引き出す一億本の向日葵」は、日本国の全人口一億人に、「心の癒しと勇気を与える」心温まるプレゼントとなろう。

日曜日、横浜磯子教会での講演・メディカルカフェに赴いた。中村清牧師の「からし種」（マルコの福音書4章31節）の説教は印象に残った。約15年前に、朝日新聞の一面の記事に、筆者のことを「『変わり者』でなく『変わり種』」と、紹介されたことが鮮明に甦った。「変わり種」は「からし種」の如く、「地に蒔かれるときには、地に蒔かれる種の中で、一番小さいのですが、それが蒔かれると、生長してどんな野菜よりも大きくなり、大きな枝を張り、その陰に空の鳥が巣を作れるほどになります。」（マルコの福音書4章31〜32節）である。まさに、「がん哲学外来」の10年の歩みを感ずる今日この頃である。神奈川県三浦市の修道院シスターも聴講されており、「マザー・テレサ（1910年〜1997年）がん哲学外来カフェ」が開設される予感がした。実現したら世界的な歴史的大事業となろう。

・第17回　ドキュメンタリー映画『がんと生きる 言葉の処方箋』試写会（2018年12月15日）

「がん哲学外来映画製作委員会」主催のドキュメンタリー映画『がんと生きる　言葉の処方箋』試写会に赴いた（TCC映写室に於いて）。90分の映画であった。長野県、群馬県、千葉県からも参加されて、会場は満席であった。

早速、「先生、ありがとうございました！この映画は、がん患者やそのご家族の方々のためのみならず、全ての人に見て貰いたい映画です。誰しもなんらかの悩みを持ちながら生きています。悩んでも仕方ない事も悩んでしまいます。万民がそうだと思います。特に悩み症の人にこそ観て貰いたいですね。先生が言われてる、ほっとけ！ 精神で前向きにポジティブに何とかなる精神の大切さを痛感しました。航大君に会いたくなりました。水泳大会の場面では、泣いてしまいました」、「がん哲学外来カフェにいらしていた、お二人の明るいお顔が今は天国なんだと思いまして、辛く悲しいひと時でした。映画に協力して逝ったお二人に感謝し私も元気になります。ありがとうございました」、「今日は試写会に参加ができ感謝します。日頃の先生が仰っていることが画像になったと実感しました。試写会の後に、何人かの方が感想を述べられた中にがん患者のみでなく・・・。全ての人に見て欲しい」、「早く、スタッフの皆さんにも見せてあげたいと思いました」、「映画の先生がとても素敵で、表情も抜群でした」、「映画は大変素晴らしいですね。がん哲学外来メディカルカフェが全国に広がり医療維新を感じました」 等々の温かいコメントを頂いた。

名古屋の「どあらっこ」代表の中村航大君、長野県の「心に咲く花」会の代表の齋藤智恵美様、福井県済生会病院で、「がん哲学外来カフェ」主催の宗本義則先生、千葉県で「がん哲学外来カフェ」主催の春日井いつ子様の映像は、大いに感動した。本当に、生涯の忘れ得ぬ大切な想い出となろう。

・第32回　神田川沿い夜桜観賞～絶えることのない「時代の流れ」～（２０１９年３月31日）

「東村山がん哲学外来カフェ」、「目白 がん哲学外来カフェ」、「流山がん哲学外来カフェ」、「東久留米がん哲学外来カフェ」、「お茶の水がん哲学外来カフェ」、「池袋帰宅中がん哲学外来カフェ」、「30年後の医療の姿を考える会」のスタッフと、wife も同伴し18名で、神田川沿い（「四ッ谷駅 ― 市ヶ谷駅 ― 飯田橋」）散策しながら、夜桜を観賞した。「１９８０年代以降、川岸に植えられた桜が大きく育ち、神田川沿いは花見の名所の一つとして知られるようになった」とのことである。神楽坂のレストランで、皆で楽しい夕食会の時を持った。本当に、忘れ得ぬ「夜桜」の想い出となった。

昨日は、帝国ホテルでの「新島新一教授 定年退職記念祝賀会」に招待された。新島新一先生が、「新島襄」の流れであると知り、大いに感激した。今週、京都在住の同志社大学 卒業生の方から、講演の打診があった。先日は、群馬県で「新島八重記念 がん哲学外来カフェ」開設記念講演会に、参上した。今日の羽生市での講演では、さりげなく「新島襄＆新島新一」の関係を話す予定である。まさに絶えることのない「時代の流れ」を静思する日々である。

・第34回「なすがままに」～貴重な邂逅～（2019年4月14日）

「がん哲学外来 第83回お茶の水メディカルカフェ in OCC」に赴いた。長野県松本市から「心に咲く花」会代表の齋藤智恵美様をはじめ、三浦海岸、千葉県、埼玉医科大学からも出席され、多数の参加者であった。テレビ放送局の取材もあった。筆者は挨拶で、「西郷隆盛」への「勝海舟」の歌碑「ぬれぎぬを干そうともせず 子供らが なすがままに 果てし 君かな」を紹介した。その後隣室で、複数の個人面談も行った。大変充実した、貴重な時であった。終了後はスッタフ会議、さらに「がん哲学外来ナース部会」のメンバーらと、隣のレストランで食事をしながら歓談時を持った。次回（5月18日）は7周年スペシャルで、バイオリン、ピアノ演奏も予定されている。継続の大切さを身に沁みる日々である。まさに、「からし種」である。

その後、ラジオ日経のスタジオでの、映画『がんと生きる 言葉の処方箋』（文部省選定）"https://gantetsueiga2018.amebaownd.com/" の試写会、野澤和之 映画監督、映画に出演された方々を囲んでの番組収録に出演した。『百万人の福音』（いのちのことば社 発行）の5月号には、映画『がんと生きる言葉の処方箋』の紹介がされていた。5月3日~5月9日の連休、新宿武蔵野館でロードショーで企画されている。多くの人々に観て頂きたい映画が完成されたと実感する。人生の貴重な邂逅には、涙無くして語れない！

・**第37回「優しい眼差しと真摯なご配慮」～「寄り添う」の実体験～（2019年5月3日）**

夕刊朝日新聞（2019年5月1日）の柏木哲夫先生（淀川キリスト教病院名誉ホスピス長）の「よい最期はよく生きた先にある」の記事の中の「在宅ケアをかなえるには、現実的な新しい支援の仕組みと、今以上に公的な予算が必要になると思います」の記述は、大変示唆に富むものであった。早速、柏木哲夫先生から「樋野先生　新聞記事に対するコメントありがとうございました」との温かいご返事を頂いた。齋藤智恵美代表からは「以前、樋野先生と柏木先生がご一緒に出されたご本も読みました。『ユーモア』についても学ばせて頂いています！」との大いに勇気付けられ、励まされるお言葉を頂いた。

いよいよ「平成から令和へ」の幕開けである。思えば、2016年皇居で、

wifeと「上皇」と「上皇后」と面会する機会が与えられた。御二人の「優しい眼差しと真摯なご配慮」が、走馬灯のように蘇る。他者への「寄り添う」の実体験でもあった。今年の「流行語大賞」は「寄り添う」がふさわしいのでは！

「新渡戸稲造記念センター」に出向いた。「新渡戸稲造記念センター」開設記念 市民公開シンポジウムが企画されることが決まった。歴史的大事業である。夕方は「南原繁研究委員会編集委員会」に出席した（学士会館に於いて）。筆者は「南原繁研究会の代表」に加え、この度「編集委員長」も仰せつかった。「新渡戸稲造・南原繁」は、筆者の青年時代からの基軸でもある。

本日は、新宿武蔵野館での「『がんと生きる 言葉の処方箋』5月3日（金）公開」に赴く。その後は「今は亡き父の『七周忌』で、島根県 出雲大社鵜峠に、wifeと息子と帰郷の為、羽田空港に向かう。今回の映画はまさに「今は亡き父への天国への大いなるプレゼント」になるのではなかろうか！

・第44回　〝Hope〟（希望）～種が蒔かれ、成長する～（2019年6月22日）

筆者は、２０１３年から理事を仰せつかっている「クラッシュ・ジャパン」（CRASH Japan・・・・Christian, Relief, Assistance, Support, Hope の頭文字）の理事会に出席した。「私たちは、２０１１年3月11日に発生した未曽有の東日本大震災の際には、被災地に五つのベースを設置し、２７００名を越えるボランティアを動員しました。世界中からのボランティアたちが、清掃作業、物資の配布、建物の復旧作業、被災者への傾聴、作物の栽培、クラフトやアート、コンサート、チラシの配布、モバイルカフェなどに携わりました。私たちは、東日本大震災以後も日本各地で発生したさまざまな災害発生の際には、―ボランティア派遣、ボランティアセンターの運営、ボランティアケアなどの支援をしてきました」とＨＰに謳われている。

地震国の日本に於いては、「先憂後楽」の精神で「準備」は大切であろう。

今日は、「吉田富三記念 福島がん哲学外来10周年記念」市民公開講演会（福島県立図書館に於いて）で、講演「がん哲学外来開設10年を振り返って」の機会が与えられた。筆者は２００９年から毎月、福島県立医大での「がん哲学外来」に赴いている。２０１１年3月だけは新幹線が不通になり、中止になったことが鮮明に蘇ってきた。昨夜、知人から「新宿東口の紀伊国屋を訪れた際、先生のコーナーがありましたので写真を取っておきました」と連絡を頂いた。驚きである。まさに「種が蒔かれ、成長する」の実践ではなかろうか！

・第50回「21世紀のサリヴァン＝齋藤智恵美」～熱意、見識、思いやり～（２０１９年８月４日）

今回は、記念すべき第50回「心に咲く花」である。主宰の齋藤智恵美氏の熱意、見識、思いやりには、ただただ感動である。まさに「21世紀のサリヴァン（Sullivan：１８６６～１９３６）」：ヘレン・ケラーの家庭教師）を彷彿する。《第1回「心に咲く花」～「ヘレン・ケラーとアン・サリヴァン」に学ぶ～》が、鮮明に思い出される。この度「心に咲く花」会 News Letter 特別号が発行されることになった。歴史的大事業・歴史的快挙であろう。

「がん哲学外来 第87回お茶の水メディカルカフェ．in ＯＣＣ」に赴いた。新潟県からの参加もあり、多数の出席者と個人面談もあり、大変充実した時であった。筆者は「真実」は、大学、病院、会社ではなく、街のゴミの中に「輝く」と、さりげなく語った。

終了後は、スタッフと隣のレストランで楽しい会話・夕食の時を持った。まさに、「生活環境や言葉が違っても心が通えば友達であり、心の通じ合う人と出会うことが人間の一番の楽しみである」（新渡戸稲造：１８６２～１９３３）の実体験の日々である。

恵泉女学園の宗雪雅幸理事長の計らいで、千歳丘教会で日曜日の午前は奨励「愛をもって」、午後は、講演「がん哲学と人生」をする機会が与えられた。「愛をもって互いに仕えなさい。」──「あなたの隣人をあなた自身のように愛せよ。」

（ガラテヤ人への手紙5章13節、14節）が、「21世紀のサリヴァン＝齋藤智恵美」の基本精神ではなかろうか！

・第75回　心の器を育てる～ほっこり、楽しく、そして確かな真実～（2020年1月25日）

第67回「がん哲学外来メディカルカフェ@よどばし」に赴いた。「駒ヶ根パノラマ愛の家」（長野県駒ヶ根市）から今村　都チャプレンも、参加されていた。早速、「ほっこり、楽しく、そして　確かな真実…いろいろ学び、感じ、そして元気も頂きました。感謝いたします。齋藤智恵美さんには出版記念の旨、お伝えしました」との、嬉しいコメントが、送られてきた。2020年3月20日は、「駒ヶ根パノラマ愛の家」で、出版記念も兼ねて講演会が企画されるようである。今秋には、運営委員（今村　都、齋藤智恵美、etc）で、「駒ヶ根&松本&八ヶ岳」合同シンポジウムが企画される予感がする。

「『駒ヶ根パノラマ愛の家』は、２００４年5月に設立されました。素敵な交流をいただいております。この素晴らしいアルプスの麓の東伊那で、心傷ついた青少年たちや疲れた方々が、ある人は自分を見つめ、ある人は新しいチャレンジをし、またある人はゆっくりと心と体を癒し、元気をいただいてその人らしい笑顔を取り戻していきます。自然の中で心を癒やし、共に分ち合い、共に生きる、愛∧アガペー∨の共同体。ロゴマークに使用している樹木のシルエットは、ナザレ生活館（愛の家の敷地内にあります）の脇にはえる木がモチーフです。休息する者をいたわり、また、次の旅に力を貯える者に木陰を提供する樹木のように、駒ヶ根のおおらかな自然と、『愛の家』の姿をシンボル化してデザインしました。樹のシルエットの下部にある切れ込みは『愛の家』へ続く道であり、また『愛の家』から未来へ続く道です。木のシルエットの下には『最も大いなるものは愛である』という玄関正面にかかる額の言葉をローマ字表記にて配してます」と紹介されている。訪問が楽しみである。

目白カフェ代表の森 尚子氏から絵「平和の象徴『樋野動物園』冗談を本気でする胆力」が送られて来た。また、「がん哲学の活動は終末期の患者さんだけでなく、現在治療に取り組まれている方や経過観察中の方々のスピリチュアルな痛みの存在を受け入れ、それぞれの方が心の器を育てる大切な役割を果たす、緩和ケアの場所だと思っております」（齋藤智恵美氏 より）との励ましのメールを頂いた。涙なくしては語れない！

・第78回　メンバーの絆が深まる～自分も共鳴する～（2020年2月16日）

埼玉医科大学総合医療センターでの「小江戸がん哲学外来」に赴いた。スタッフの長谷川まゆみ様と矢形康代様も個人面談に同席して頂き、大変有意義な時であった。バレンタインデー（2月14日）の日、wife と地元の蕎麦屋で夕食の時をもった。

土曜日午前、文京区教育委員会 教育推進部 教育センター統括指導主事による、文京区立柳町小学校六年生対象の「がん教育の推進」事業としての授業に赴いた。真摯な多くの質問もあり、大いに感動した。午後は、ＮＨＫ文化センターの事業「講座名：シリーズ　がん医療の最前線」での講演「『がん哲学外来』の取り組み」に赴いた（横浜ランドマークに於いて）。「日本で初めて『がん哲学外来』を開設され、不安を抱えたがん患者と家族を対話を通して支援されています。――がんについての最新の知識を、体と心の両面から講座の形でお伝えしたいと考えております』と紹介されていた。聴講者から「格調高い質問」を多数頂き、大変有意義な充実した時であった。皆様、新刊も購入されサインも行なった。終了後、受講者の「ＮＰＯ法人人生まるごと支援」理事長 三国浩晃氏と喫茶店で対談の時を持った。２０２０年6月28日の「横浜がん哲学外来12周年記念&がん哲学外来ナース部会6周年記念」合同シンポジウム（神奈川県民センターに於いて）の話で大いに盛り上がった。兎も角、順天堂大学での「がん哲学外来」から最初に、街の中に出たのは「横浜 がん哲学外来」で、訪問看護ステーションの陣川チヅ子所長の「先見性と胆力と速効性と英断」のお陰である。まさに「がん哲学外来カフェ」の意義は、「体験は個別的でありながら共通のものがある。他人の分かち合いを聞くと自分も共鳴することが多い。メンバーの絆が深まる」であろう。「記事と絵」が「目白がん哲学外来カフェ」代表の森 尚子氏（ニックネーム＝ゴリラ）から送られて来た。無邪気な姿に大いに心が慰められた。

映画『がんと生きる 言葉の処方箋』も「YouTubeで世界に 動画配信限定公開中："https://youtu.be/oTzgwRFaTwk" ※現在配信停止中 です。」との連絡を頂いた。また、WHOから認められている国際医学連盟（世界約130カ国の医学生）から、Skypeで、講演「グリーフケア、緩和ケアと哲学の関わり」を依頼された。驚きである。筆者は、Skypeを使用したことはなくためらったが、引き受けることにした。

・第83回 「学校では、学ばないことの学び」～悩んでいる時に手を差し伸べてくれる友達の存在～（2020年3月20日）

昨夜、国際医学生連盟とのSkypeでの講演、そして講演後は多数の質問を頂いた（22：00～23：45）。医学生の真摯な姿勢には、大いに感動した。筆者のいくつかの著書を 事前に読まれていたようである。「学校では、学ばないことの学び」が目的とのことであった。

言葉で 相手を傷つける。

善意の言葉が 人を傷つける。

人に対する 話し方。

言葉で癒す人になる。

余計なお節介と偉大なるお節介の違い

「涙とともに、パンを食べた者でなければ、人生の味はわからない」（ゲーテ）

「無邪気に喜んで、小さな事に、大きな愛を込める」（アルプスの少女ハイジ）

も語った。

北海道大学の医学生もおられ、札幌農学校の校長クラーク（1826〜1886）、二期生の内村鑑三（1861〜1930）、新渡戸稲造（1862〜1933）のことも語った。内村鑑三、新渡戸稲造の上にいた、新島襄（1843〜1890）、新島襄を支援した勝海舟（1823〜1899）にも触れた。内村鑑三が鬱的になった時、新渡戸稲造は新島襄に「内村鑑三を慰めてほしい」とお願いした。悩んでいる時に手を差し伸べてくれる友達の存在は、極めて大切であることを述べた。

今朝、京都の立命館大学の田中真美先生から「新島夫妻が住んだ家」の写真が送られてきた。「新島は、1868年 明治新政府が立ち上がった時には、日本にはおりませんでした。当時、打ち首される時代、脱国をして学びました。日本に英学校をと強い志がありました。1871年日本に帰国して大阪で学校をする用地を求めましたが、駄目になり、当時、会津出身の山本覚馬が副知事を務めており、彼が新島の為に奔走します。今の同志社のたつ薩摩藩の跡地で英学校を開校します。人ひとりは大切なりと新島は最初四人の生徒からスタートしました。山本覚馬の妹、八重さんは、新島を支えました」とのメールを頂いた。偶然にも「天空デーサービス万座」も、２０２０年3月、四人でスタートした。まさに「新島襄の志は生きている」。

おわりに

私は、穂森宏之氏との出会いで、2003年『われ21世紀の新渡戸とならん』（イーグレープ発行）を、世に出しました。これが、その後に続く本を執筆するようになった原点であります。この度、再びイーグレープから『聖書とがん』が出版されることとなりました。穂森宏之氏と編集の高井透氏には、ただただ感謝です。本書では、第2部に「21世紀のエステル会」、第3部は「心に咲く花会」のブログを抜粋し掲載させていただきました。

人生、不思議な出会いがあります。以前、朝日新聞の一面に記載された、私は「『変わり者』でなく『変わり種』である」という言葉が、鮮明に蘇ってきました。それは「『変わり者』は自己中心で承認欲求の強い、『ほっとけ気にするな』に値する者。『変わり種』は、樋野先生（笑）」との励ましのメールを最近いただいたことによります。まさに、「『ひの・おきお＝Origin of fire、『冗談を実現する胆力』～〝sense of humor〟～、『ニューモアに溢れ、心優しく、俯瞰的な大局観ある人物』」の修練の時ではないでしょうか！

この本の原稿を書いている現在、コロナショックが蔓延化している日々のさ中です。「病気とこころ」の問題が、これまで以上に注目される時代になるでしょう。そのためにも使命感をもった「人材」が、「真の学問」を積み重ねていくことが求められます。

「良書を読み、有益な話を聞き、心の蔵を豊かにする」（新渡戸稲造）。これが、真の学問の「器量」ではないでしょうか。「器量」と言えば、私は「挑太郎」を思い出します。鬼ケ島遠征の物語は子供時代、村のお寺の紙芝居でよく聞いたものでした。桃太郎が犬・雉・猿という性質の違った（世にいう犬猿の仲）供をまとめ上げたことを挙げ、世に処する人は「性質の異なった者を容れるだけの雅量」を持たなければならないと新渡戸稲造は『世渡りの道』（1912年）

で述べています。これは「競争の名の下に、実は個人感情で排斥をする自称リーダーへの警鐘」でもあります。「泣くのに時があり、ほほえむのに時がある。嘆くのに時があり、踊るのに時がある」という言葉の厳しい現実です。今は、まさに「泣く時、嘆く時」でありましょう。

87年前の1933年3月3日に三陸で地震の大災害があったと記録が残っています。その時、新渡戸稲造は被災地である宮古市沿岸部を視察したということです。その惨状を目の当たりにした新渡戸は"Union is Power"（協調・協力こそが力なり）と当時の青年に語ったと言われています。まさに、今にも生きる言葉です。時代の波は寄せては返すが「人の心と歴史を見抜く人格の力出でよ！」でありましょう。新渡戸稲造は台湾総督府に招聘されて台湾に渡り、農業の専門家として彼の国をサトウキビの普及・改良、糖業確立へと導きました。また、東大教授と第一高等学校校長の兼任、東京女子大学学長などを歴任しました。そして第一次世界大戦後、国際連盟設立に際して初代事務次長に選任され、世界平和、国際協調のために力を尽くしています。世界中の叡智を集めて設立した「知的協力委員会」（1922年）には哲学者のベルグソンや物理学者のアインシュタイン、キュリー夫人らが委員として参加し、新渡戸は各国の利害調整にあたりました。この「知的協力委員会」の後身が、現在の「ユネスコ」であります。思えば癌研時代、今は亡き原田明夫検事総長と、2000年「新渡戸稲造 武士道100周年記念シンポ」、「新渡戸稲造生誕140年」（2002年）、「新渡戸稲造没後70年」（2003年）を企画する機会が与えられました。順天堂大学に就任して2004年に、国連大学で『新渡戸稲造5000円札さようならシンポ』を開催したことが走馬灯のように駆け巡ってきます。2020年は「新渡戸稲造 国際連盟事務次長就任100周年 記念事業」の時代的要請ではないでしょうか！ 2020年はまた、新渡戸稲造著『武士道』出版120周年でもあるのです。

新渡戸稲造が書いた1929年『大阪毎日新聞・東京日日新聞』（今の毎日

新聞）『偉人には気体、液体、固体の3つのタイプある』の記事を以前読んだことがあります。
気体：ガス性に似て名声は広がっているが、接してみると大した印象もない人。
液体：水が氾濫するように世間に一時の人気を得て、世の中に利益をもたらすが、総合すると後に残るものはない人。
固体：芳しさはガスのように広がることもなく、水のように流れることもないが、その人自体に含蓄されており、近づけば近づくほど真価が感じられる人。

「固体は、樋野先生のようにブレない人ですね！　私は読書が苦手で知識も浅く、常に自信がなくブレブレになってしまいますが、人の心の片隅に染みるような人になれたら…と思っています」と謙虚な、微笑ましいメールをいただいたことがあります。嬉しさのあまり、涙無くしては語れません！

私は「日本国のあるべき姿」として「日本肝臓論」を展開しています。日本国＝肝臓という「再生」論に、行き詰まりの日本を打開する具体的なイメージが獲得されることを期待しています。人間の身体と臓器・組織・細胞の役割分担とお互いの非連続性の中の連続性、そして傷害時における全体的な「いたわり」の理解は、世界・国家・民族・人間の在り方への深い洞察へと誘うことでしょう。

（1）賢明な寛容さ"the wise patience"
（2）行動より大切な静思"contemplation beyond action"
（3）実例と実行"example and own action"の実践である。

『がん病理学からの学び』は、
正常細胞＝使命を自覚して任務を確実に果たす
がん細胞＝真の目標を見失った細胞集団
であります。すべての始まりは「人材」です。行動への意識の根源と原動力をもち、大切なのは「走るべき行程」と「見据える勇気」。また、「あなたはそこにいるだけで価値ある存在」という聖書からの教えです。これを示すことが本書の目的に他ならないのです。

「彼らの話は癌のように広がるのです。」（テモテへの手紙第二2章17節）がん病理学の意義とがん哲学が、がんのそれを越えて広がることを願ってやみません。

末筆ですが「21世紀のエステル会」の金田佐久子氏（「川口がん哲学カフェいずみ」代表）、田鎖夕衣子氏（「がん哲学外来メディカルカフェひばりが丘」代表）、ブログを作成されている太田和歌子氏（「がん哲学外来白鷺メディカルカフェ」代表）、毎週『心に咲く花』のブログを発信してくださり、ご自身もブログ『一億本の向日葵』を書かれている「松本がん哲学みずたまカフェ」代表の齋藤智恵美氏、いろいろな講演会に参加され、熱心にニュースレターを作成されている星野昭江氏、「しゃちほこ記念がん哲学外来メディカルカフェ」代表 彦田かな子氏、「東村山がん哲学外来」代表 大弥佳寿子氏、「目白がん哲学外来カフェ」代表 森尚子氏をはじめ、各地で「がん哲学外来カフェ」を使命感を持って開催されているスタッフの皆様には、改めて感謝申し上げます。

【参考文献】

・第1部の聖句は、明記の無い限り日本聖書協会発行の『新共同訳聖書』から引用しています。
・第2部と第3部と「おわりに」の聖句は新日本聖書刊行会の『新改訳聖書』から引用しています。

以下、樋野興夫著

1. 『がん哲学外来の話　殺到した患者と家族が笑顔を取り戻す』(2008・9・3発行、小学館)
2. 『がん哲学外来入門』(2009・3・30発行、毎日新聞社)
3. 『がんと暮らす人のために』(2012・10・20発行、主婦の友社)
4. 『いい覚悟で生きる』(2014・11・3 発行、小学館)
5. 『われ21世紀の新渡戸とならん―新訂版―』(2018・1・20新訂版発行、イーグレープ)
6. 『日めくり 人生を変える言葉の処方箋』(2019・11・1 発行、いのちのことば社フォレストブックス)
7. 『がん哲学のレッスン― 教室で〈いのち〉と向きあう』(2020・2・20発行、かもがわ出版)

【著者略歴】

樋野興夫（ひの　おきお）

医学博士。順天堂大学名誉教授。新渡戸稲造記念センター長。順天堂大学医学部（病理・腫瘍学）客員教授。

一般社団法人 がん哲学外来理事長。恵泉女学園理事。東京女子大学理事。

1954年島根県生まれ。癌研究会癌研究所、米国アインシュタイン医科大学肝臓研究センター、米国フォックスチェイスがんセンターなどを経て現職。2002年癌研究会 学術賞、2003年高松宮妃癌研究基金 学術賞、2004年新渡戸・南原賞、2018年朝日がん大賞、長與又郎賞。

『われ21世紀の新渡戸とならん』（イーグレープ）、『がん哲学外来入門』（毎日新聞社）、『がん哲学外来へようこそ』（新潮社）、『「今日」という日の花を摘む』（実業之日本社）、『明日この世を去るとしても、今日の花に水をあげなさい』（幻冬舎）、

『がんばりすぎない、悲しみすぎない。「がん患者の家族」のための言葉の処方箋』（講談社）、『こころにみことばの処方箋』『種を蒔く人になりなさい』（いのちのことば社）、『教会でも、がん哲学外来カフェを始めよう』（日本キリスト教団出版局）など著書多数。

一般社団法人 がん哲学外来 ホームページ

http://www.gantetsugaku.org/

聖書とがん

―「内なる敵」と「内なる人」

2020年10月20日 初版第1刷発行

著　者　樋野 興夫

発行者　穂森 宏之

発行所　イーグレープ

〒277-0921 千葉県柏市大津ヶ丘 4-5-27-305
TEL：04-7170-1601　FAX：04-7170-1602
E-mail：p@e-grape.co.jp
ホームページ　http://www.e-grape.co.jp

編集者　高井 透

装丁・本文組版　三輪 義也（yme graphics）

ISBN 978-4-909170-23-1 C00 95